Letts

Revise GCSE

Terry Murray

French

Contents

This book and your GCSE course — 4

Preparing for the examination — 6

Four ways to improve your grade — 7

Useful web sites — 8

La vie de tous les jours
(Everyday life)

1.1 Family and friends — 9

1.2 School — 13

1.3 At home — 18

1.4 Grammar — 23

Sample GCSE questions — 32

Exam practice questions — 36

Les loisirs
(Leisure)

2.1 Sport and free time — 44

2.2 The cinema and TV — 48

2.3 Music and musical instruments — 49

2.4 Grammar — 50

Sample GCSE questions — 53

Exam practice questions — 57

Les vacances et le logement
(Holidays and accommodation)

3.1 Holidays and accommodation — 64

3.2 Transport — 67

3.3 Grammar — 71

Sample GCSE questions — 73

Exam practice questions — 77

A table et en ville
(Eating and in the town)

4.1 Shopping, food and drink — 88

4.2 Grammar — 94

Sample GCSE questions — 96

Exam practice questions — 100

Le travail et l'avenir
(Work and future plans)

5.1 Work and future plans	105
5.2 Grammar	108
Sample GCSE questions	110
Exam practice questions	113

La santé et les incidents
(Health and incidents)

6.1 Health, accidents and incidents	118
6.2 Grammar	121
Sample GCSE questions	123
Exam practice questions	127

Le monde
(The world at large)

7.1 Special occasions and the environment	133
7.2 Grammar	139
Sample GCSE questions	141
Exam practice questions	142

Writing coursework — 149

Exam practice answers — 154

Listening transcripts — 157

Index — 160

This book and your GCSE course

AQA B modular		AQA A Linear	EDEXCEL
3652		3651	122 6
Module 1 Listening 5% (35 mins) Reading 5% (40 mins) Speaking 5% (4 mins)	**Listening (25%)**	Exam at either Foundation (30 mins) or Higher (40 mins).	Exam at either Foundation (30 mins) or Higher (40 mins).
Module 2 Listening 7.5% (25 mins) Reading 7.5% (30 mins)`	**Speaking (25%)**	Exam at either Foundation (8–10 mins) or Higher Tier (10–12 mins). 1 Role-play, presentation and discussion and conversation.	Exam at either Foundation (8–9 mins) or Higher Tier (11–12 mins). 2 Role-plays and conversation.
Module 3 Coursework speaking 7.5% (4 mins) Coursework writing 12.5%	**Reading (25%)**	Exam at either Foundation (30 mins) or Higher Tier (50 mins).	Exam at either Foundation (40 mins.) or Higher Tier (60 mins).
Module 4 Listening 12.5% (25 mins) Reading 12.5% (30 mins) Speaking 12.5% (5–8 mins) Writing 12.5% (40 –50 mins)	**Writing (25%)**	Exam at either Foundation (40 mins) or Higher Tier (60 mins). Or coursework	Exam at either Foundation (50 mins) or Higher Tier (60 mins). Or coursework
The AQA B Modular exam is completely different from the other boards. You do modules stretching over two years.			

Visit your awarding body for full details of your course or download your complete GCSE specifications.

- You have to do a listening, speaking, reading exam and either a writing exam or coursework
- Ask your teacher which exam board you are doing
- Ask if you are doing the coursework option or the writing exam
- Find out if you will be entered for Foundation Tier or Higher Tier

OCR	WJEC	NICCEA
1925	157	5650
Exam at either Foundation (40 mins) or Higher (40 mins).	Exam at either Foundation (45mins) or Higher (45 mins).	Exam at either Foundation (30 mins) or Higher (30 mins).
Exam at either Foundation (10–12 mins) or Higher Tier (12–15 mins). 2 Role-plays, presentation, discussion and conversation.	Exam at either Foundation (10 mins) or Higher Tier (12 mins). 2 Role-plays, and conversation.	Exam at either Foundation (10 mins) or Higher Tier (10 mins). 2 Role-plays, presentation and conversation.
Exam at either Foundation (40mins) or Higher Tier (50 mins).	Exam at either Foundation (45mins) or Higher Tier (45 mins).	Exam at either Foundation (40mins) or Higher Tier (40 mins).
Exam at either Foundation (40 mins) or Higher Tier (60 mins). Or coursework	Exam at either Foundation (45mins) or Higher Tier (60 mins). Or coursework	Exam at either Foundation (45mins) or Higher Tier (45mins).

For each exam board, the available grades are the same.

Foundation Tier   G–C   Higher Tier   E–A*

www.aqa.org.uk, www.ocr.org.uk, www.edexcel.org.uk, www.wjec.co.uk, www.ccea.org.uk

Preparing for the examination

Planning your study

Make sure that you have learned all the necessary words after you complete each topic. You could draw a mind map or create a database on your PC. During the topic try to learn ten new words a day. Ask someone to test you on the words: you need to be able to spell the words properly so remember to write them down when being tested.

- Each chapter includes sample role-plays and conversations. Try to complete each of these as you work through the chapter and then make a recording of yourself. By listening to the presentations and role-plays as part of your revision plan, you will be able to boost your fluency. This is often more interesting and more beneficial than simply reading words on a page.
- Practise the questions in the book. This will build your confidence and enable you to anticipate the type of questions that will occur in the GCSE examination.
- Decide if you know the topic thoroughly and if there are any weak areas: note them and look for ways to improve them in the next topic, e.g. use of adjectives, use of the past tense.

Preparing a revision programme

You need to prepare a programme which allows you to focus on the weak areas: do not spend time revising the work that you know well. It may make you feel good, but it is unproductive and will do nothing to help you to move forward.

Spend time on your presentations for the oral examination and look for ways to improve them.

- You need to be able to make use of previously learned language in another topic.

  E.g. In the topic on family you have to be able to use adjectives to describe members of your family.
  Mon père est assez grand. Il a les cheveux courts et raides et les yeux marron. Il porte des lunettes et il a une moustache.

In the topic on crime, you should be able to describe the criminal in the past tense.

  E.g. Le voleur était assez haut. Il avait les cheveux courts et raides et les yeux bleus. Il portait des lunettes et une casquette.

How this book will help you

Letts GCSE French Guide will help you because:

- It contains the essential vocabulary and grammatical structures needed for the GCSE examination.
- It contains progress checks as well as GCSE questions to help you to check and re-affirm your understanding.
- There are sample GCSE questions with answers and advice from an examiner on how to get them right and on how to improve.
- Trying the Examination questions will give you the opportunity to make use of the vocabulary that you have learned and will give you a measure of your progress.
- The summary table will give you a quick reference to the requirements for your examination.
- Margin comments and key points are used throughout the chapters to help you. Use these as your signposts to guide you to success in the GCSE examination.

Four ways to improve your grade

1 Listening and Reading

ALWAYS read the question **first** carefully and highlight the question word so that you know the information that you are listening for. Use any visuals to help you to predict what you might hear.

Try to anticipate the answer and note down possible words to listen for.

Check numbers, dates and times very carefully.

In the Listening test, do not attempt to write phonetically, i.e. what you have just heard! Some candidates find this very confusing and ultimately end up writing about a completely different set of events.

In the Reading examination, read the questions **before** you read the passage.

Some words look like English words: you should try to work out their meaning.

It pays to think LOGICALLY in both the reading and listening papers. Sometimes you have to use your common sense to work out the answers from the information given.

Examiners will also test your knowledge of synonyms and related families of words.

Susanne aime bien lire may become Susanne adore la lecture.

Ensure that you know synonyms and families of nouns and verbs.

Make a list of synonyms, near-synonyms and word families and learn them carefully:

e.g. le voyage = le trajet.

2 Speaking

In the Speaking examination, there are two distinct test types. Firstly, role-play tasks – remember that your listening skills will also be tested here. In the role-play do NOT use complicated language structures: simple is best! In the conversation you will be able to discuss matters of personal or topical interest. You must also be able to justify opinions and discuss facts. You need to use present, past and future tenses. This is the time to use as many complicated structures as possible. Use a variety of verbs each time: try to use at least ten different verbs. Remember to speak clearly and to pronounce the words as well as you can.

3 Writing

In the Writing tests you will be able to use and extend a great deal of the material prepared for the speaking examination. You must be able to write accurately and to structure your work logically and coherently. It is also important to note that at least 20% of the marks are allocated to knowledge and accurate application of grammar. There will be an emphasis on using appropriate structures and on achieving a high degree of accuracy. You need to learn your verb tables thoroughly: just as you learned your times-tables in mathematics!

4 Spellings

It is important to spell accurately. If you are in any doubt about the spelling of a word, leave it out and find another way of expressing the idea. Always check carefully for accents and capital letters.

Useful web sites

Try making use of the following web sites in your revision. These sites offer exam guidance and practice exercises designed to help you prepare for GCSE.

By making use of the web and by attempting questions in all four skills (Speaking, Listening, Reading and Writing), you will not only gain confidence but also the vital practice needed for success at GCSE.

General

www.letts-education.com

www.learn.co.uk

www.linguaweb.co.uk

www.travelang.com/languages

www.modlangs.com

www.gcse.com

www.freeserve.com/education/examrevision

www.letsstudy.co.uk

French

www.yahoo.fr

www.bonjour.org.uk

http://web.ukonline.co.uk/cananove/

www.reallyusefulfrench.co.uk

Chapter 1 — La vie de tous les jours (Everyday life)

The following topics are included in this chapter:

- Family and friends
- School
- At home
- Grammar

1.1 Family and friends

LEARNING SUMMARY

After studying this section and completing the exercises, you should be able to:

- talk about your family and friends
- deal with a variety of role-play situations
- describe members of your family
- understand letters and information about a family living in a French-speaking country

La famille (Family)

AQA A   AQA B
EDEXCEL
OCR
WJEC
NICCEA

Of all the topics covered in the speaking exam, this is the one that you are most likely to be asked about. You need to be able to talk about your direct and extended family, to be able to describe members of your family and to talk in past and future tenses about things you have done or will do with your family. Equally, for the reading and listening tests, it is important that you learn all the vocabulary listed in this chapter. For your writing coursework, you might like to write about a family member who has done something out of the ordinary.

le père

la grand-mère

le grand-père

la mère

la sœur

le frère

Self and family

aîné – older, oldest

le beau-frère – brother-in-law

le beau-père – father-in-law

le bébé – baby

la belle-mère – mother-in-law

la belle-sœur – sister-in-law

cadet (*m*), cadette (*f*) – younger, youngest

célibataire – single (not married)

le cousin/la cousine – cousin

la dame – lady

le demi-frère – half-brother

la demi-sœur – half-sister

l'enfant (*m/f*) – child

l'épouse (*f*) – wife

l'époux (*m*) – husband

la famille – family

la femme – wife, woman

le/la fiancé(e) – fiancé(e)

la fille – girl, daughter

le fils – son

le frère – brother

le/la gosse – child, kid

la grand-mère – grandmother

le grand-parent – grandparent

le grand-père – grandfather

l'homme (*m*) – man

le/la jumeau/jumelle – twin

maman – Mum

le mari – husband

les membres de la famille (*mpl*) – family members

la mère – mother

naître – to be born

le neveu – nephew

la nièce – niece

l'oncle (*m*) – uncle

papa – Dad

les parents (*mpl*) – parents

le père – father

le petit-fils – grandson

la petite-fille – granddaughter

les petits-enfants (*mpl*) – grandchildren

la sœur – sister

la tante – aunt

le veuf – widower

la veuve – widow

Les amis (Friends)

AQA A   AQA B
EDEXCEL
OCR
WJEC
NICCEA

You might like to use a friend or a pet as a basis for your presentation or writing coursework. You could use a photograph to bring colour and warmth to your work. Bring the photo to your presentation or stick it into the text of your coursework.

Friends and visitors

l'ami (*m*), l'amie (*f*) – friend

l'amour (*m*) – love

la bise – kiss (on cheek)

le/la camarade – friend

le/la copain (-ine) – friend

le correspondant – penfriend

les gens (*pl*) – people

l'hospitalité (*f*) – hospitality

l'invitation (*f*) – invitation

le jumelage – twinning

jumelé – twinned

la lettre – letter

le rendez-vous – meeting, appointment

la réponse – reply

la surprise-partie – party

la ville jumelée – twin town

le visiteur – visitor

les vœux (*mpl*) – wishes

le chat

le chien

Pets

le chat – cat

le chien – dog

le cobaye – guinea pig

le cochon d'Inde – guinea pig

le hamster – hamster

le perroquet – parrot

la perruche – budgerigar

le poisson rouge – goldfish

Verbs

accompagner – to accompany
aimer bien – to like a lot
s'amuser – to have a good time
chanter – to sing
correspondre – to correspond
danser – to dance
disputer – to argue
s'écrire – to write to each other

s'entendre avec – to get on well with
épouser – to marry
faire des promenades – to go for walks
faire du babysitting – to babysit
faire la connaisance – to get to know
inviter – to invite

prendre des photos – to take photos
présenter – to introduce
reçevoir – to receive
se rencontrer – to meet
rendre visite à – to visit (a person)
se voir – to see each other
voir – to see

PROGRESS CHECK

Give the French for the following:
1 I have a nephew and two nieces.
2 I have a goldfish and a hamster.
3 I went to the shops with my family.

1 J'ai un neveu et deux nièces. 2 J'ai un poisson rouge et un hamster. 3 Je suis allé(e) aux magasins avec ma famille.

Conversation: Grades G–D

AQA A **AQA B**
EDEXCEL
OCR
WJEC
NICCEA

● Make sure you can answer these questions without thinking.
● Get someone to ask you these questions so you can practise answering them without using the book.

Tu t'appelles comment? — Je m'appelle ....

Tu as quel âge? — J'ai ...... ans.

Il y a combien de personnes dans ta famille? — Il y a ...... personnes.

Qui sont-ils? — Il y a mon père, ma mère, mon frère, ma sœur et moi.

> **Note that in French you don't say *un(e)*. You have to say, for example, 'He/She is teacher' when stating someone's job.**

Et ton père, qu'est-ce qu'il fait dans la vie? — Il est ....

Et ta mère, qu'est-ce qu'elle fait dans la vie? — Elle est ....

> **Use *né* for boys, *née* for girls.**

Tu es né(e) en quelle année? — Je suis né(e) en dix-neuf cent quatre-vingt-six.

Où es-tu né(e)? — Je suis né(e) à ....

> ***Taille* means size: How tall are you?**

Tu as quelle taille? — J'ai un mètre soixante-dix.
Tu as des animaux à la maison? — J'ai un chien et un chat.
Tu as un ami spécial /une amie spéciale? — Oui, il/elle s'appelle ....
C'est quand, ton anniversaire? — C'est le ....

1 La vie de tous les jours (Everyday life)

Conversation: Grades C–A*

KEY POINT

You will be assessed on your communication skills and also on your quality of language.

You will be asked to show your knowledge of tenses. You cannot get a grade C unless you know your tenses.

Your answers need to be longer than at Foundation Tier.

- Try to use impressive vocabulary: make your own private list of out-of-the-ordinary words.
- Try to put expression into what you say.
- Your answers should not be a pre-learnt speech. However, you must be able to talk for two minutes on each topic.
- Why not record your answers on to a cassette and listen to them whenever you can?

Don't just stop here. Add more information!	Décris ta famille.	On est cinq, mon père, ma mère, mon frère, ma sœur et moi.
You have used a present tense. Just a perfect and a future to go!		On a aussi un chat. Mon père travaille dans une usine. Je ne sais pas exactement ce qu'il fait. Ma mère est professeur.
This means 'What is she like?'	Et ta mère, comment est-elle?	Elle est assez grande et elle a les yeux bleus. Elle a cinquante ans et elle aime regarder la télé.
The more kinds of relatives you add, the more marks you get.	Il y a d'autres membres de ta famille?	J'ai un grand-père, une grand-mère, deux oncles, trois tantes, un cousin, deux cousines. Je vois mes grand-parents tous les week-ends.
You have given an opinion and are justifying it. This gets extra marks.	Quel est ton animal préféré?	J'adore les chiens.
	Pourquoi?	Ils sont affectueux.
	Pour ton anniversaire, quels cadeaux as-tu reçu?	J'ai reçu de l'argent, des livres, des vêtements et des CDs.
You have used a future tense. You are on course for a grade C.	Qu'est-ce que tu feras avec l'argent?	J'achèterai encore des vêtements.

1.2 **School**

LEARNING SUMMARY

After studying this section and the following exercises you should be able to:
- *describe your school and school routine*
- *understand information about a school in a French-speaking country*
- *deal with a variety of role-plays*
- *say what you like and dislike about school, giving reasons*

Au collège (At school)

AQA A   AQA B
EDEXCEL
OCR
WJEC
NICCEA

Your teacher is likely to ask you to describe your school in the speaking test. You should learn answers to all the obvious questions: questions about your subjects, the school building itself, the teachers and your plans for after school. You should realise that you may be tested on your tenses by questions about what you did yesterday at school and what you will do tomorrow. You may also be asked an opinion about your school.

Back to school

le bac(calauréat) – equivalent of A-Level
la classe – class
les devoirs (*mpl*) – homework
l'échange (*m*) – exchange
l'emploi du temps (*m*) – timetable
en sixième – in Year 7
en cinquième – in Year 8

l'épreuve (*f*) – test
l'erreur (*m*) – mistake
l'examen (*m*) – examination
par exemple – for example
la faute – fault, mistake
les grandes vacances (*fpl*) – summer holidays
la leçon – lesson

la matière – subject
le mot – word
la pause du midi – lunchtime
la phrase – sentence
la récréation – break
la rentrée – back to school
le tableau – board
le trimestre – term

Subjects

l'allemand (*m*) – German
l'anglais (*m*) – English
le dessin – art
la biologie – biology
la chimie – chemistry
le commerce – commerce, business studies
le dessin – drawing
l'éducation physique (*f*) – physical education

EMT (éducation manuelle et technique) – CDT
l'espagnol (*m*) – Spanish
le français – French
la géographie – geography
la gymnastique – gymnastics
l'histoire (*f*) – history
l'informatique (*f*) – computing, IT
les langues modernes (*fpl*) – modern languages

le latin – Latin
les maths (*fpl*) – maths
les mathématiques (*fpl*) – maths
la physique – physics
la science – science
les sciences naturelles (*fpl*) – biology
la technologie – technology
les travaux manuels (*mpl*) – handicraft

1 La vie de tous les jours (Everyday life)

	Lundi	Mardi	Mercredi	Jeudi	Vendredi
08:15					
	Dessin	Espagnol		Maths	Histoire
09:10					
	Français	Français	Français	Histoire	Français
10:20					
	Français	Maths	Maths	Espagnol	Français
11:15					
	Maths		Histoire	Anglais	Maths
12:10					
1h45					
	Espagnol	Technologie		Anglais	E.P.S.
2h40					
	Technologie	Physique		Anglais	E.P.S.
3h35					
	Musique	Espagnol		Physique	Biologie
4h45					

Adjectives

absent – absent

excellent – excellent

faux, fausse – false, wrong

juste – correct

mixte – mixed

primaire – primary

privé – private

scolaire – school

secondaire – secondary

Places

CES (Collège d'Enseignement Secondaire) – secondary school (up to age 15)

la cantine – canteen

le collège – school

le couloir – corridor

la cour – playground

l'école (f) – school (primary)

le gymnase – gym

le laboratoire – laboratory

le lycée – secondary school (ages 15 and over)

la salle – room

la salle de classe – classroom

la salle de musique – music room

la salle de professeurs – staff room

les toilettes – toilets

la salle de classe	la cantine	la gymnase	le laboratoire	la salle de classe
le couloir				
la salle de classe	la salle de classe	la salle de musique	la salle de professeurs	la salle de classe
la salle de classe	la cour			la salle de classe
la salle de classe	la salle de classe	la salle de classe	la salle de classe	la salle de classe

Equipment

le bic – pen
le cahier – exercise book
la calculatrice – calculator

le cartable – school bag
le crayon – pencil
la gomme – rubber

la règle – rule, ruler
le stylo – pen
l'uniforme scolaire (*m*) – school uniform

le cartable   **le stylo**   **le crayon**

People

le/la concierge – caretaker, janitor
le directeur/la directrice – headmaster/mistress
l'élève (*m/f*) – pupil

l'enseignant (*m*) – teacher
l'instituteur, -trice (*m/f*) – teacher (primary school)
le maître – master

le professeur – teacher
le/la secrétaire – secretary

Verbs

apprendre – to learn
bavarder – to chatter
cocher – to tick
corriger – to correct
décrire – to describe
écouter – to listen
écrire – to write

s'ennuyer – to be bored
étudier – to study
expliquer – to explain
faire attention – to be careful
frapper – to hit
parler – to talk
punir – to punish

savoir – to know
sonner – to ring
se taire – to stay silent
terminer – to finish
traduire – to translate

PROGRESS CHECK

Give the French for the following:
1 My favourite subject is chemistry.
2 I am going on an exchange.
3 I hate my school uniform.
4 I learn two languages.
5 I am bored at school.
6 My school is modern and the teachers are nice.
7 Last year, I went on an exchange.

1 *Ma matière préférée est la chimie.* 2 *Je fais un échange.* 3 *Je déteste mon uniforme scolaire.*
4 *J'apprends deux langues.* 5 *Je m'ennuie au collège.*
6 *Mon collège est moderne et les professeurs sont sympathiques.*
7 *L'année dernière j'ai fait un échange.*

Conversation: Grades G–D

● Make sure you can answer these questions without thinking.
● Get someone to ask you these questions so you can practise answering them without using the book.

Quelle est ta matière préferée?	Je préfère le français.
Pourquoi?	J'aime bien le professeur.
Il y a une matière que tu n'aimes pas?	Je n'aime pas les sciences.
Tu fais du sport au collège?	Je joue au tennis, au football, au hockey.
Comment viens-tu au collège?	Je viens à pied/en voiture/en car.
Comment es-tu venu(e) ce matin?	Je suis venu(e) à pied.
A quelle heure arrives-tu au collège?	J'arrive à neuf heures moins le quart.
Les cours commencent à quelle heure?	Les cours commencent à neuf heures.
Tu as combien de cours par jour?	J'en ai cinq.
Chaque cours dure combien de temps?	Un cours dure une heure.
A quelle heure est la récréation?	La récréation est à onze heures.
Combien de temps dure la récréation?	La récréation dure un quart d'heure.
Qu'est-ce que tu fais pendant la récréation?	Je mange, je bois et je cause avec mes amis.

> **You have used a perfect tense!**

> **You could also say à *huit heures quarante-cinq*.**

> **The more you say, the more marks you get.**

Conversation: Grades C–A*

AQA A **AQA B**
EDEXCEL
OCR
WJEC
NICCEA

Comment tu te prépares pour le collège le matin?

Je me reveille à sept heures, je me lève à sept heures et quart, je me lave, je m'habille et je mange mon petit déjeuner. Je prépare mes livres et je sors.

Décris une journée dans ton collège.

J'arrive à neuf heures moins cinq, mon professeur fait l'appel et le premier cours commence à neuf heures. J'ai deux cours puis c'est la récréation.

Qu'est-ce que tu fais pendant la récréation? Et après?

Je parle avec mes amis, je mange et je bois.

J'ai encore un cours puis c'est l'heure du déjeuner. Quelquefois je rentre chez moi pour manger, quelquefois je mange un sandwich et quelquefois je mange dans la cantine. L'après-midi j'ai encore deux cours puis je rentre pour faire mes devoirs.

quelquefois = sometimes

Décris ton collège.

Une partie est vieille et une partie est moderne. Nous avons des terrains de sport, des laboratoires et une bibliothèque. C'est triste mais nous n'avons pas de piscine.

Et tes matières?

J'étudie huit matières, l'anglais, les maths, le français, les sciences, la technologie, l'allemand, l'histoire et la géographie.

Depuis is hard to use. See page 31.

Depuis quand étudies-tu le français?

J'étudie le français depuis cinq ans.

Show you can use not only the perfect tense with *avoir*, but also the perfect tense with *être*.

Qu'est-ce que tu as fait au collège hier?

J'ai appris beaucoup de choses. J'ai assisté à cinq cours, j'ai causé avec mes amis et je suis allé(e) au terrain de sport où j'ai joué au tennis.

Your chance to show you can use the future tense

Qu'est-ce que tu feras ce soir?

Je ferai mes devoirs et je sortirai avec mes amis.

Your chance to show you can give opinions.

Tu aimes ton collège?

J'aime bien le collège, j'adore les sports mais je déteste les devoirs.

Your chance to show you can justify your opinions.

Pour qoi tu détestes les devoirs?

Parce que j'ai tant d'autres choses que je veux faire.

Tant de means 'so many'.

1.3 **At home**

LEARNING SUMMARY

After studying this section and the following exercises, you should be able to:

● *describe your home, where it is and what it looks like*
● *describe the rooms in your home*
● *talk about what you did and will do in, for example, your bedroom*
● *understand information about a home in a French-speaking country*

A la maison (At home)

AQA A   AQA B
EDEXCEL
OCR
WJEC
NICCEA

You need to be able to talk for a minute or two about your home, describing the rooms and the garden and being able to talk in the perfect about what you did at home and in the future about what you will do there. A common task in the writing exam is to describe your ideal home. If you are taking the coursework option, you might like to use that as a title.

Around the home

l'appartement (*m*) – flat, apartment	l'étagère (*f*) – shelf	le placard – cupboard
la boîte aux lettres – letterbox	la fenêtre – window	le plafond – ceiling
la chaise – chair	l'horloge (*m*) – clock	le plancher – floor
le chauffage (central) – central heating	la lampe – lamp	la poubelle – dustbin
	le lavabo – washbasin	le rideau – curtain
chez moi – to/at my house	la lumière – light	le tiroir – drawer
le code postal – postcode	le meuble – furniture	le toit – roof
l'escalier (*m*) – stairs	meublé – furnished	le volet – shutter
	la moquette – (fitted) carpet	

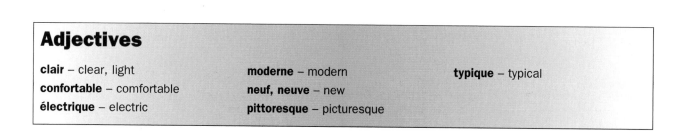

le volet   la lampe   la chaise

Materials

le coton – cotton	la laine – wool	le nylon – nylon
le cuir – leather	le métal – metal	la plastique – plastic

Adjectives

clair – clear, light	moderne – modern	typique – typical
confortable – comfortable	neuf, neuve – new	
électrique – electric	pittoresque – picturesque	

Verbs

aider – to help
arroser – to water
bricoler – to do DIY
débarrasser la table – to clear the table
faire la vaisselle – to do the washing-up

faire le jardinage – to do the gardening
faire le lit – to make your bed
faire le ménage – to do the housework
faire le repassage – to do the ironing

mettre la table – to lay the table
mettre le couvert – to lay the table
nettoyer – to clean
ranger – to tidy
sécher – to dry
stationner – to park
travailler – to work

The living room

le buffet – sideboard
le canapé – settee
la chaîne hi-fi – stereo
la chaîne-stéréo – stereo
la cheminée – fireplace

le fauteuil – armchair
le magnétophone (à cassettes) – cassette recorder
le magnétoscope – video recorder
la peinture – painting

la radio – radio
le tableau – painting
la télévision – TV

la chaîne-stéréo   **la télévision**   **le tableau**

The bedroom

l'armoire (f) – wardrobe
la commode – chest of drawers
la couverture – blanket

le drap – sheet
le lit – bed
le manteau – blanket

l'ordinateur (m) – computer
l'oreiller (m) – pillow
le réveil – alarm clock

le réveil   **le lit**   **l'ordinateur**

The bathroom

la baignoire – bath(tub)
la brosse à dents – toothbrush
les ciseaux (mpl) – scissors
le dentifrice – toothpaste

la douche – shower
le miroir – mirror
le rasoir – razor
le robinet – tap

la salle de bains – bathroom
le savon – soap
la serviette – towel
le shampooing – shampoo

la baignoire   la douche   la brosse à dents

le rasoir   le dentifrice   le shampooing

The kitchen

la casserole – saucepan
le congélateur – freezer
la cuisine – kitchen
la cuisinière à gaz – gas cooker
la cuisinière électrique – electric cooker

l'évier (m) – sink
faire la cuisine – to cook
le four à micro-ondes – microwave oven
le frigidaire – fridge
le frigo – fridge

le lave-vaisselle – dishwasher
la machine à laver – washing machine
le plateau – tray

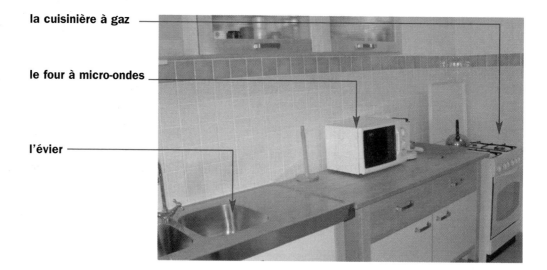

la cuisinière à gaz

le four à micro-ondes

l'évier

The garden

l'arbre (m) – tree
la branche – branch
la feuille – leaf

la fleur – flower
la haie – hedge
l'herbe (f) – grass

le jardin – garden
la pelouse – lawn
la plante – plant

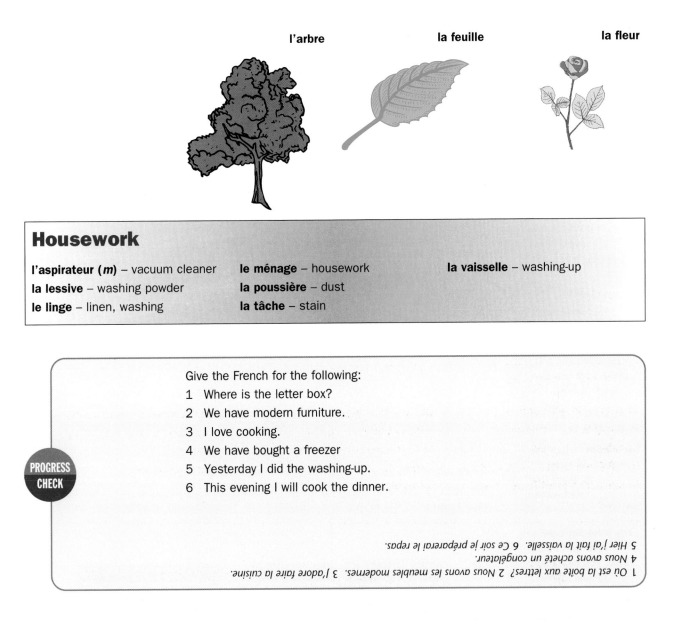

l'arbre   la feuille   la fleur

Housework

l'aspirateur (*m*) – vacuum cleaner   **le ménage** – housework   **la vaisselle** – washing-up

la lessive – washing powder   **la poussière** – dust

le linge – linen, washing   **la tâche** – stain

PROGRESS CHECK

Give the French for the following:

1 Where is the letter box?
2 We have modern furniture.
3 I love cooking.
4 We have bought a freezer
5 Yesterday I did the washing-up.
6 This evening I will cook the dinner.

1 Où est la boîte aux lettres? 2 Nous avons les meubles modernes. 3 J'adore faire la cuisine.
4 Nous avons acheté un congélateur.
5 Hier j'ai fait la vaisselle. 6 Ce soir je préparerai le repas.

Conversation: Grades G–D

AQA A **AQA B**
EDEXCEL
OCR
WJEC
NICCEA

- You need to be able to answer these questions without thinking.
- The longer your answers, the more marks you will get.
- If you give very short answers or answers without a verb, you will lose marks.

Tu habites une maison ou un appartement?	J'habite une maison.
Comment est ta maison?	Elle est jolie et confortable.
A quelle distance se trouve ta maison du collège?	Elle se trouve à un kilomètre du collège.
Combien de pièces y a-t-il?	Il y en a six.
Qu'est-ce que tu vois de la fenêtre de ta maison?	Je vois les maisons de mes voisins, des voitures et des bâtiments.
Qu'est-ce qu'il y a dans ton jardin?	Il y a des fleurs et des arbres.
Qu'est-ce qu'il y a dans ta chambre?	Il y a un lit, une table et une chaise.

You could name the rooms and get more marks.

Add a few more details!

Conversation: Grades C–A*

AQA A   AQA B
EDEXCEL
OCR
WJEC
NICCEA

Remember:
- long sentences
- use past, present and future tenses
- give opinions

- justify your opinions
- ask the teacher a question!

Add more details.

Décris ta maison.

Ma maison est très jolie. Il y a trois chambres, une cuisine, une salle à manger, une salle de séjour et une salle de bain.

So far so good but the only verb forms so far are *il y a* and *est*.

Décris ta chambre.

Ma chambre est très confortable. Il y a un lit, une chaise, une table, un télé et beaucoup de livres.

An opportunity to vary your structures.

Qu'est-ce que tu fais dans ta chambre?

Je fais mes devoirs, je lis, j'écoute de la musique, je regarde la télé et bien sûr je dors.

With an open question like this, make sure you give back at least five verbs.

A chance to use the perfect. Remember: at least five examples.

Qu'est-ce que tu as fait dans ta chambre hier soir?

Hier soir, j'ai lu mon livre, j'ai écouté de la musique, j'ai regardé la télé, j'ai joué avec l'ordinateur et j'ai dormi.

You have not used a verb that takes *être*. You could add *je suis resté(e) dans ma chambre toute la soirée*.

A chance to use the future.

Et ce soir, qu'est-ce que tu vas faire chez toi?

Je lirai mon livre, j'écouterai de la musique, je regarderai la télé, je jouerai avec l'ordinateur et je dormirai.

Your chance to give an opinion. Start with *A mon avis* . . .

Tu aimes ta maison?

A mon avis, ma maison est une maison parfaite parce qu'il y a un grand jardin, les voisins sont sympas et elle se trouve près du centre-ville.

Three tenses in one answer!

Décris ton jardin.

Je ne travaille pas dans le jardin parce que je déteste le jardinage. Mais mes parents ont planté beaucoup de fleurs et l'an prochain ils vont cultiver des légumes.

1.4 Grammar

LEARNING SUMMARY

After studying this section, you should know about:

● **grammatical terms**
● **the indefinite article**
● **the definite article**
● **the partitive article**
● **the present tense**

Grammatical terms

AQA A   AQA B
EDEXCEL
OCR
WJEC
NICCEA

Before you start your grammar revision, you need to familiarise yourself with some grammatical terms. You will find this section useful to refer back to.

Look at this sentence:
The girl quickly makes a delicious cake in the kitchen.

The	definite article
girl	noun (subject)
quickly	adverb
makes	verb
a	indefinite article
delicious	adjective
cake	noun (direct object)
in	preposition
the	definite article
kitchen.	noun

- The definite article is the grammatical name given to the word 'the'.
- The indefinite article is the name given to the word 'a' or 'an'.
- A noun is a person, place, thing or animal (e.g. Tom, London, chair, cat).
- A verb is a word that describes an action (e.g. eats).
- An adjective is a word that describes a noun (e.g. pretty).
- An adverb is a word that describes a verb. It tells you how an action is done (e.g. quickly). Many adverbs in English end in '-ly'.
- A preposition is a word placed before a noun or a pronoun to indicate time, place or condition (e.g. on the table).
- A conjunction is a word that links two parts of a sentence e.g. 'He was eating and drinking'. The most common conjunctions in English are 'and' and 'but'.
- A pronoun is a word that stands in place of a noun. In the sentence above, we could replace the noun 'the girl' by the pronoun 'she'. Similarly, 'a cake' could be replaced by 'it'.
- A relative pronoun is a word that links one part of a sentence to another. In English the relative pronouns are 'who', 'whom', 'which', 'where' and 'that', e.g. 'I gave him all the money that I earned'. The two parts of the sentence – 'I gave him all the money' and 'I earned' – are linked together by the relative pronoun 'that'.

- A negative is a word like 'not' or 'never' that indicates an action is not being done.
- Gender refers to whether a word is masculine or feminine.
- The subject is the name given to the person or thing doing the action. In the sentence above, the subject is 'the girl'.
- The direct object is the name given to the person or thing which has the action done directly to it. In the sentence above, 'a cake' is the object because it is made by the girl.

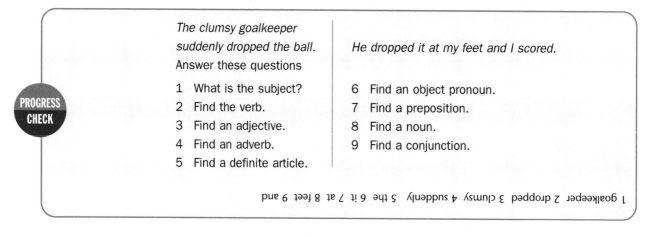

PROGRESS CHECK

The clumsy goalkeeper suddenly dropped the ball.
Answer these questions

1 What is the subject?
2 Find the verb.
3 Find an adjective.
4 Find an adverb.
5 Find a definite article.

He dropped it at my feet and I scored.

6 Find an object pronoun.
7 Find a preposition.
8 Find a noun.
9 Find a conjunction.

1 goalkeeper 2 dropped 3 clumsy 4 suddenly 5 the 6 it 7 at 8 feet 9 and

The indefinite article

AQA A   AQA B
EDEXCEL
OCR
WJEC
NICCEA

Use *un* before a masculine noun.
Use *une* before a feminine noun.

> This is the grammatical way of referring to 'a' or 'an'.

'To a' is *à un* or *à une,* e.g.

| to a match | à un match |
| to a school | à une école |

'Of a' is *d'un* or *d'une,* e.g.

| the roof of a castle | le toit d'un château |
| the roof of a house | le toit d'une maison |

KEY POINT Leave out **un** and **une** when stating a person's job, e.g. **He is a teacher. Il est professeur.**

PROGRESS CHECK

Give the French for the following:

1 I go to a market and to a church.
2 The owner of a cinema; the floor of a kitchen
3 He is a postman.

1 Je vais à un marché et à une église. 2 Le propriétaire d'un cinéma; le plancher d'une cuisine
3 Il est facteur.

The definite article

AQA A AQA B
EDEXCEL
OCR
WJEC
NICCEA

'The definite article' is the grammatical way of referring to 'the'.

Look at the four ways of saying 'to the':

Je vais au cinéma.	I am going to the cinema.
Je vais à la mairie.	I am going to the town hall.
Je vais à l'université.	I am going to the university.
Je vais aux Etats-Unis.	I am going to the USA.

Look at the four ways of saying 'of the'.

la fille du professeur	the teacher's daughter
le fils de la sécrétaire	the secretary's son
le chapeau de l'homme	the man's hat
les parents des jeunes	the young people's parents

PROGRESS CHECK

Give the French for the following:
1 the boy's book
2 the girl's book
3 the friend's book
4 the friends' book

1 le livre du garçon 2 le livre de la fille 3 le livre de l'ami 4 le livre des amis

The partitive article

AQA A AQA B
EDEXCEL
OCR
WJEC
NICCEA

'The partitive article' is the grammatical way of referring to 'some'/'any'.

- *Du* is used before masculine singular nouns:
  du vin   some wine

- *De la* is used before feminine singular nouns:
  de la farine   some flour

- *De l'* is used before singular nouns beginning with a vowel:
  de l'eau   some water

- *Des* is used before all plural nouns:
  des amis   some friends

PROGRESS CHECK

Give the French for the following:
1 some bottles
2 some ink
3 some bread
4 some meat

1 des bouteilles 2 de l'encre 3 du pain 4 de la viande

The present tense

AQA A   AQA B
EDEXCEL
OCR
WJEC
NICCEA

After studying this section, you should be familiar with the present tense in French.

Regular *-er* verbs

Learn the regular verbs first, as they are the easiest.

The endings are: *-e, -es, -e, -e, -ons, -ez, -ent, -ent.*

regarder	to look
je regarde	I look
tu regardes	you look (informal singular)
il regarde	he looks
elle regarde	she looks
nous regardons	we look
vous regardez	you look (plural or polite singular)
ils regardent	they look (masculine)
elles regardent	they look (feminine)

The following verbs are like *regarder* (i.e. they are regular *-er* verbs)

**Nous mangeons =
we eat: You have
to add an -e.**

**Change je to j'
before a vowel or h,
e.g. j'arrive,
j'habite.**

**Nous commençons
= we begin: You
change c to ç.**

arriver	to arrive
manger	to eat
donner	to give
chercher	to look for
habiter	to live
trouver	to find
marcher	to walk
préparer	to prepare
chanter	to sing
commencer	to begin

**PROGRESS
CHECK**

Give the French for the following:

1   I live in London.
2   He walks slowly.
3   They (*m*) arrive late.
4   We sing well.
5   He prepares his books.

6   He gives money.
7   They (*f*) are watching TV.
8   We start at 9 o'clock.
9   We are looking for a café.
10 We look for a café.

1 *J'habite à Londres.* 2 *Il marche lentement.* 3 *Ils arrivent en retard.*
4 *Nous chantons bien.* 5 *Il prépare ses livres.* 6 *Il donne de l'argent.*
7 *Elles regardent la télé.* 8 *Nous commençons à neuf heures.*
9 *Nous cherchons un café.* 10 *Nous cherchons un café.*

Regular *-ir* verbs

The endings for the present tense of these verbs are:
-is, -is, -it, -it, -issons, -issez, -issent, -issent.

finir to finish	
je finis	*nous finissons*
tu finis	*vous finissez*
il finit	*ils finissent*
elle finit	*elles finissent*

These verbs are like *finir* (i.e. other regular *-ir* verbs):

bâtir	to build
choisir	to choose
remplir	to fill

Give the French for the following:

1 I am building a house.
2 You (*sing*) choose a book.
3 You (*pl*) fill the page.
4 She finishes her work.
5 We choose well.

1 Je bâtis une maison. 2 Tu choisis un livre. 3 Vous remplissez la page.
4 Elle finit son travail. 5 Nous choisissons bien.

Regular *-re* verbs

Regular *-re* verbs have the following endings: *-s, -s, –, –, -ons, -ez, -ent, -ent.*

vendre to sell	
je vends	*nous vendons*
tu vends	*vous vendez*
il vend	*ils vendent*
elle vend	*elles vendent*

The following verbs are like *vendre* (i.e. regular -re verbs):

attendre	to wait for
entendre	to hear
rendre	to give back
perdre	to lose
répondre	to answer
descendre	to go down

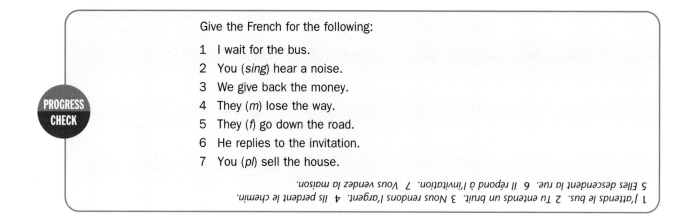

PROGRESS
CHECK

Give the French for the following:

1 I wait for the bus.
2 You (*sing*) hear a noise.
3 We give back the money.
4 They (*m*) lose the way.
5 They (*f*) go down the road.
6 He replies to the invitation.
7 You (*pl*) sell the house.

1 *J'attends le bus.* 2 *Tu entends un bruit.* 3 *Nous rendons l'argent.* 4 *Ils perdent le chemin.*
5 *Elles descendent la rue.* 6 *Il répond à l'invitation.* 7 *Vous vendez la maison.*

Irregular verbs

Most common verbs in French do not follow the above rules: they are irregular.
You just have to learn them individually. Here are the essential ones.

aller to go	*avoir* to have	*boire* to drink
je vais	*j'ai*	*je bois*
tu vas	*tu as*	*tu bois*
il va	*il a*	*il boit*
elle va	*elle a*	*elle boit*
nous allons	*nous avons*	*nous buvons*
vous allez	*vous avez*	*vous buvez*
ils vont	*ils ont*	*ils boivent*
elles vont	*elles ont*	*elles boivent*
connaître to know (a person/place)	*croire* to believe	*courir* to run
je connais	*je crois*	*je cours*
tu connais	*tu crois*	*tu cours*
il connaît	*il croit*	*il court*
elle connaît	*elle croit*	*elle court*
nous connaissons	*nous croyons*	*nous courons*
vous connaissez	*vous croyez*	*vous courez*
ils connaissent	*ils croient*	*ils courent*
elles connaissent	*elles croient*	*elles courent*
devoir to have to, must	*dire* to say, to tell	*dormir* to sleep
je dois	*je dis*	*je dors*
tu dois	*tu dis*	*tu dors*
il doit	*il dit*	*il dort*
elle doit	*elle dit*	*elle dort*
nous devons	*nous disons*	*nous dormons*
vous devez	*vous dites*	*vous dormez*
ils doivent	*ils disent*	*ils dorment*
elles doivent	*elles disent*	*elles dorment*

écrire to write	*être* to be	*faire* to do, to make
j'écris	je suis	je fais
tu écris	tu es	tu fais
il écrit	il est	il fait
elle écrit	elle est	elle fait
nous écrivons	nous sommes	nous faisons
vous écrivez	vous êtes	vous faites
ils écrivent	ils sont	ils font
elles écrivent	elles sont	elles font

lire to read	*mettre* to put	*pouvoir* to be able
je lis	je mets	je peux
tu lis	tu mets	tu peux
il lit	il met	il peut
elle lit	elle met	elle peut
nous lisons	nous mettons	nous pouvons
vous lisez	vous mettez	vous pouvez
ils lisent	ils mettent	ils peuvent
elles lisent	elles mettent	elles peuvent

partir to leave	*prendre* to take	*rire* to laugh
je pars	je prends	je ris
tu pars	tu prends	tu ris
il part	il prend	il rit
elle part	elle prend	elle rit
nous partons	nous prenons	nous rions
vous partez	vous prenez	vous riez
ils partent	ils prennent	ils rient
elles partent	elles prennent	elles rient

savoir to know (a fact)	*recevoir* to receive	*voir* to see
je sais	je reçois	je vois
tu sais	tu reçois	tu vois
il sait	il reçoit	il voit
elle sait	elle reçoit	elle voit
nous savons	nous recevons	nous voyons
vous savez	vous recevez	vous voyez
ils savent	ils reçoivent	ils voient
elles savent	elles reçoivent	elles voient

vouloir to wish, (a want)	*venir* to come	
je veux	je viens	
tu veux	tu viens	
il veut	il vient	
elle veut	elle vient	
nous voulons	nous venons	
vous voulez	vous venez	
ils veulent	ils viennent	
elles veulent	elles viennent	

PROGRESS CHECK

Give the French for the following:

1 He is going into town.
2 We have a cat.
3 I drink a coffee.
4 They (*m*) know the teacher.
5 I believe you (*sing*) are right.
6 They (*f*) run in the fields.
7 You (*sing*) must pay.
8 He tells the truth.
9 You (*pl*) sleep in a bed.
10 We write many letters.
11 We are in the museum.
12 I am a student.
13 He does the washing-up.
14 She reads a book.
15 I put the book on the table.
16 We can go to the cinema.
17 I leave at 9 o'clock.
18 I take a shower.
19 We laugh because we are happy.
20 I know the time.
21 You (*pl*) receive many letters.
22 We see our friends.
23 You (*sing*) want to go to the cinema.
24 They (*f*) are coming at 9 o'clock.

1 Il va en ville. 2 Nous avons un chat. 3 Je bois un café. 4 Ils connaissent le professeur. 5 Je crois que tu as raison. 6 Elles courent dans les champs. 7 Tu dois payer. 8 Il dit la vérité. 9 Vous dormez dans un lit. 10 Nous écrivons beaucoup de lettres. 11 Nous sommes dans le musée. 12 Je suis étudiant(e). 13 Il fait la vaisselle. 14 Elle lit le livre. 15 Je mets le livre sur la table. 16 Nous pouvons aller au cinéma. 17 Je pars à neuf heures. 18 Je prends une douche. 19 Nous rions parce que nous sommes content(e)s. 20 Je sais l'heure. 21 Vous recevez beaucoup de lettres. 22 Nous voyons nos amis. 23 Tu veux aller au cinéma. 24 Elles viennent à neuf heures.

Venir de: to have just done something

The French don't say 'I have just done something'; they say 'I come from doing something', like this:

1 present tense of *venir* + **2** *de* + **3** the infinitive of the next verb

I have just arrived = *je viens d'arriver*

Look at the present-tense section for the present tense of *venir*.

PROGRESS CHECK

Give the French for the following:

1 I have just seen that man.
2 He has just finished his work.
3 I have just finished it.
4 They (*m*) have just bought the house.
5 She has just missed the train.

1 Je viens de voir cet homme-là. 2 Il vient de terminer son travail. 3 Je viens de le finir. 4 Ils viennent d'acheter la maison. 5 Elle vient de manquer son train.

Depuis

J'habite Londres depuis deux ans.

> **KEY POINT**
>
> Use **depuis** when you are saying how long you have been doing something that you are *still* doing.
>
> The French don't say 'I have been living in London for two years'. They say 'I live in London since two years'.

The construction works like this:

1 present tense (even though English uses a perfect tense) + **2** *depuis* + **3** the length of time.

Je regarde la télé depuis vingt minutes.
I have been watching TV for 20 minutes.
J'étudie le français depuis cinq ans.
I have been studying French for five years.

PROGRESS CHECK

Give the French for the following:

1 I have worked here for five years.
2 She has been waiting for the bus for 20 minutes.
3 I have been a teacher for ten years.
4 They have been looking for the money for an hour.
5 We have been learning French for five years.

1 Je travaille ici depuis cinq ans. 2 Elle attend le bus depuis 20 minutes. 3 Je suis professeur depuis dix ans. 4 Ils cherchent l'argent depuis une heure. 5 Nous apprenons le français depuis cinq ans.

Sample GCSE questions

Speaking

Role-play 1 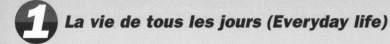 TRACK 2

A friend phones you to ask what you want to do today. ◄

1 Say you would like to go to the cinema.

2 Say there is an American film showing.

3 Say you will meet in front of the cinema.

4 Say you will meet at half past six.

5 Say that afterwards you will go to the café.

You will have time before the test to prepare your answers. You will not be allowed a dictionary.

Four correct would be around grade D. Two correct would be around grade F.

Examiner's role and suggested answers

Examiner	*Je te téléphone pour voir ce qu'on va faire. Qu'est-ce qu'on fait aujourd'hui?*
Candidate	*Je veux aller au cinema.*
Examiner	*Il y a un bon film?*
Candidate	*Il y a un film américain.*
Examiner	*Où est-ce qu'on se retrouve?*
Candidate	*Devant le cinéma.*
Examiner	*A quelle heure?*
Candidate	*A six heures et demie.*
Examiner	*Et après?*
Candidate	*On va au café.*

Role-play 2 TRACK 3

Your friend is asking you about school.

1 Say your favourite subject is French.

2 Say you do not like your maths teacher.

3 Say that you go home for lunch.

4 Say that you live a kilometre away from school.

5 Say that you come to school by bus.

Four correct would be around grade D. Two correct would be around grade F.

Examiner's role and suggested answers

Examiner	*Je vais te poser des questions sur ton collège. Et tes matières?*
Candidate	*Ma matiere preferee est le francais.*
Examiner	*Et les professeurs?*
Candidate	*Je n'aime pas mon professeur de maths.*

Sample GCSE questions

Examiner	*A midi tu manges un sandwich?*
Candidate	*Non, je rentre chez moi.*
Examiner	*Tu habites loin du collège?*
Candidate	*J'habite à un kilomètre du collège.*
Examiner	*Tu vas au collège à pied?*
Candidate	*Non, j'y vais en bus.*

Role-play 3 TRACK 4

Your French friend has just arrived. You talk to him/her.

1 Say that his/her bedroom is upstairs.

2 Ask if he/she would like a shower.

3 Ask if he/she wants a towel.

4 Say that dinner will be at six o'clock.

5 Be prepared to answer a question.

> *Four correct would be around grade C.*
> *Two correct would be around grade E.*

Examiner's role and suggested answers

Examiner	*Salut. Le voyage a été fatigant.*
Candidate	*Ta chambre est en haut.*
Examiner	*Merci.*
Candidate	*Tu veux prendre une douche?*
Examiner	*Oui, je veux bien.*
Candidate	*Tu veux une serviette?*
Examiner	*Non, merci, j'en ai une.*
Candidate	*On va manger à six heures.*
Examiner	*Qu'est-ce qu'on mange ce soir?*
Candidate	*Du poulet avec des frites.*

Sample GCSE questions

Writing

1

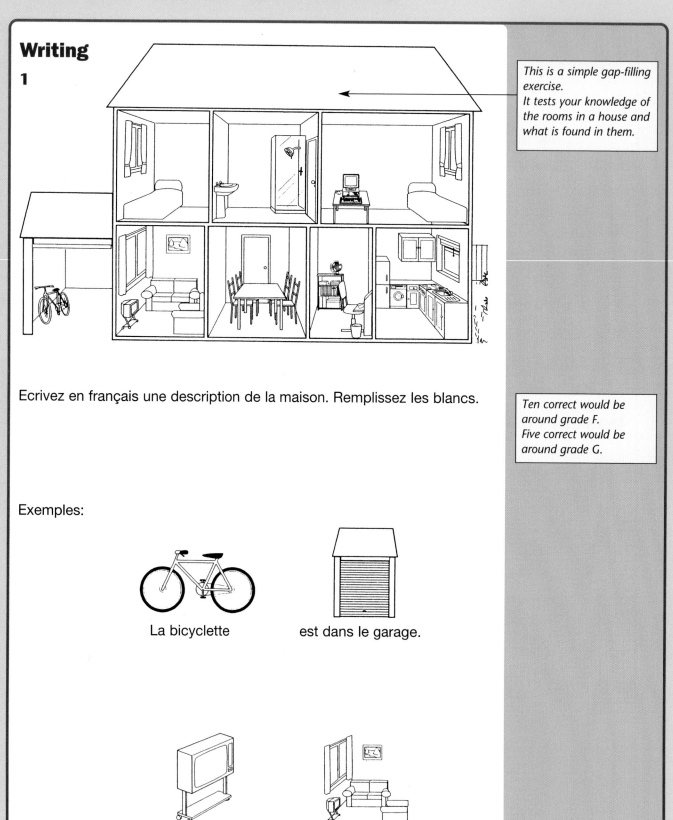

> This is a simple gap-filling exercise.
> It tests your knowledge of the rooms in a house and what is found in them.

Ecrivez en français une description de la maison. Remplissez les blancs.

> Ten correct would be around grade F.
> Five correct would be around grade G.

Exemples:

La bicyclette   est dans le garage.

Il y a une télévision   dans le salon.

Sample GCSE questions

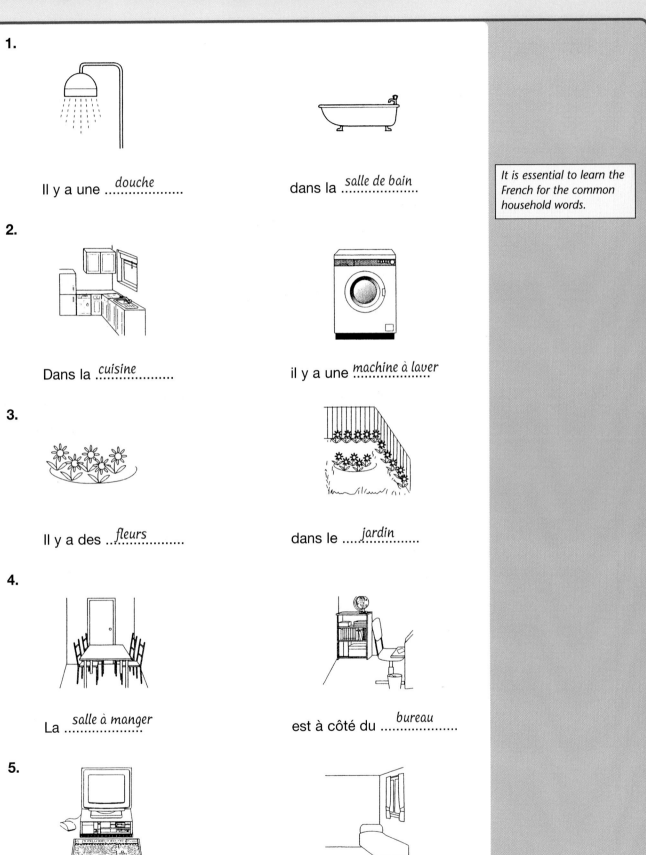

1.

Il y a une ...*douche*........... dans la ...*salle de bain*...........

It is essential to learn the French for the common household words.

2.

Dans la ...*cuisine*........... il y a une ...*machine à laver*...........

3.

Il y a des ...*fleurs*........... dans le ...*jardin*...........

4.

La ...*salle à manger*........... est à côté du ...*bureau*...........

5.

Il y a un ...*ordinateur*........... dans ma ...*chambre*........... **[10]**

OCR 1999

Exam practice questions

Listening

1

Un jeune Français parle de son collège. Indiquez pour chaque numéro le mot qui manque. Choisissez parmi la liste de mots.

J'aime bien mon collège mais je **1** .... que les professeurs nous donnent **2** .... de

devoirs. **3** .... soir je passe trois heures à faire mes devoirs et je me **4** .... si fatigué.

Le week-end mes **5** .... sortent et jouent au football dans le parc, mais moi, je ne

peux pas **6** .... , j'ai trop de travail à faire. Je serai très **7** .... quand les

vacances arriveront.

content	jouer	trouve	amis	livre	trop	parce que	sens	temps	chaque

[7]

2

Marie a téléphoné à Angélique et a laissé un message. Remplissez les blancs.

Ce soir on va au .... Avant d'y aller, on se rencontre à la .... de

Michelle à .... h 30. On va dans la .... de Michelle. On verra Alain plus

.... dans le café.

[5]

Exam practice questions

3 TRACK 7

Ecoutez ce message au répondeur et choisissez les bons mots.

Message Téléphonique

Pour: ......Luc......

De: Jean-Paul

Numéro de téléphone: .... - .... - .... - .... - ....

Message

Jean-Paul est .... et il ne vient pas ce .... Il dit qu'il viendra ....

et il apportera un .... pour Christelle. Plus tard il veut aller dans un .... et

il va .... !

03 22 37 56 24 03 22 38 56 24 03 21 38 56 24 03 22 38 55 24	
acheter, payer, soirée, concert, restaurant, malade, cadeau, soir, avant-hier, après-demain, boire	

[7]

Exam practice questions

4

Quatre jeunes parlent de ce qu'ils font à la maison. Cochez les bonnes cases.

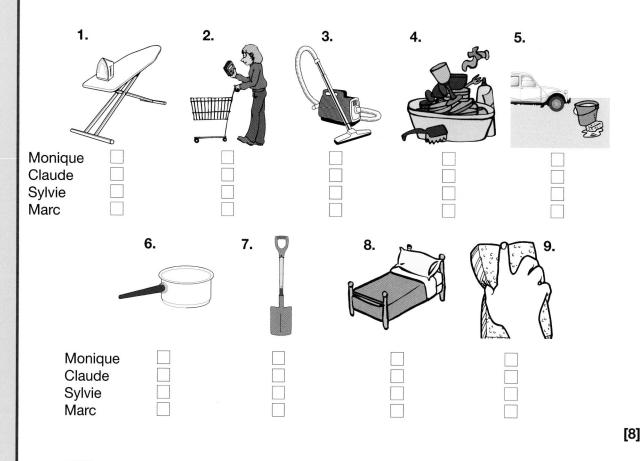

[8]

5 TRACK 9

Marc et Monique discutent du nouveau professeur. Répondez aux questions.

1. Quelle est l'attitude de Monique envers le professeur?
Donnez quatre raisons pour justifier votre réponse. **[5]**

2. Quelle est l'attitude de Marc envers le professeur?
Donnez quatre raisons pour justifier votre réponse. **[5]**

3. Qu'est-ce qui est arrivé ce matin? **[1]**

4. Comment était le professeur pendant le cours? Donnez deux détails. **[2]**

5. Que dit Marc à la fin de la conversation? **[1]**

Exam practice questions

6 TRACK **10**

You are in Brittany on holiday. You tune into a local radio station and hear a report.

1. Why did Alexandre stop going to school?
2. What does Alexandre do to earn money?
3. What does he hope to do with this money?
4. Why do so few children go to school?

[4]

Reading

1 Lisez la lettre et regardez le plan.

> *Chère Christine,*
>
> *Bientôt tu vas arriver chez nous. Voici un petit plan de l'appartement. La cuisine est à gauche en entrant. En face de la cuisine il y a la salle de séjour avec la chambre de ma grand-mère à côté. Après la cuisine il y a la salle de bains. Ma chambre est entre la salle de bains et la chambre de mes parents. Tu vas dormir dans ma chambre.*
> *A bientôt,*
> *Marie*

NOTRE APPARTEMENT

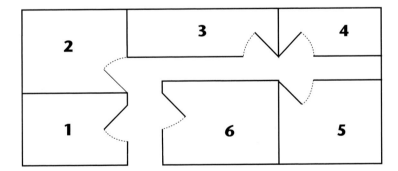

Indiquez les numéros des pièces sur le plan.

Exemple: la cuisine   ☐1☐

          la salle de séjour   ☐
          la chambre de grand-mère   ☐
          la chambre de Marie   ☐   [3]

AQA 1999

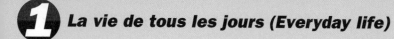

Exam practice questions

2 Regardez cet emploi du temps.

	Lundi	**Mardi**	**Mercredi**	**Jeudi**	**Vendredi**
08:15 – 09:10	Physique	Espagnol		Maths	Histoire
09:10 – 10:20	Français	Français	Français	Histoire	Français
10:20 – 11:15	Français	Maths	Maths	Espagnol	Français
11:15 – 12:10	Maths		Histoire	Anglais	Maths
12:10 – 1h45					
1h45 – 2h40	Espagnol	Technologie		Anglais	E.P.S.
2h40 – 3h35	Technologie	Dessin		Anglais	E.P.S.
3h35 – 4h45	Musique	Espagnol		Physique	Biologie

Complétez les détails en français.

1. Langues étudiées:

Exemple: a .... *français* ....

b ....

c ....

2. Premier cours le jeudi: ....

3. Dernier cours le lundi: ....

4. Le jour le plus court: . ...   **[5]**

AQA 1999

Exam practice questions

3 Your friend asks for your help in understanding this article from a magazine.

... où en sommes-nous?

Il a semblé important à la rédaction de Top'Ouest que des jeunes apportent leurs témoignages, leurs voix sur leurs relations avec leurs parents. En voici quelques extraits.

Les sorties

Je ne peux rien faire à l'improviste, partir en week-end, aller à une soirée, passer voir une copine... Impossible. Je dois en parler avec mes parents au moins une semaine avant, et souvent je me retrouve face à un refus de leur part au dernier moment.

Anaïck, 16 ans

Mes parents ne supportent pas le fait que je veuille sortir, ils ne comprennent pas qu'à mon âge les copains puissent être ma raison de vivre. Pour eux, je dois mériter chaque sortie, ça doit-être une récompense. C'est fatigant de se disputer à longueur de week-end.

Sarah, 15 ans

Je n'ai aucun problème avec mes parents à propos des sorties. Je sors comme je veux le week-end, mais pas la semaine, cours obligent... Ils me demandent simplement de les prévenir quand je pense rentrer après minuit, et puis aussi, de ne pas rentrer dans un état "lamentable", et d'assurer le lendemain (le dimanche), de ne pas dormir toute la journée.

Yann, 18 ans

J'ai passé un contrat avec mes parents. Je peux sortir 2 week-ends par mois, c'est moi qui choisis: concert, ciné, boîte de nuit ou fête chez des copains... J'ai pas d'explications à leur donner sauf leur préciser l'heure de mon retour à la maison. Par contre c'est moi qui paye mes sorties avec mon argent de poche. Et pas question de leur en demander en plus. A moi de gérer en fonction de mes envies et de ce que font mes copains... En fait, j'apprends à faire des choix...

Marie, 17 ans

1.	What exactly are the young people writing about? **[1]**
2.	What problem do Anaïck and Sarah have in common? **[1]**
3.	What three conditions do Yann's parents impose? **[3]**
4.	What is Marie's attitude towards her parents? Explain your answer. **[2]**

AQA 1999

Exam practice questions

Writing

1 You are arranging a picnic with a French girl. She sends this note, asking you some questions.

> *Je veux bien faire un pique-nique. C'est quand?*
> *Moi, j'achète le pain et le coca. Et toi?*
> *Rendez-vous où?*
> *On y va en bus?*
> *On rentre à quelle heure?*
> *Et s'il fait mauvais?*
> *Amitiés*
> *Brigitte*

Répondez à Brigitte. Regardez les illustrations et écrivez chaque fois une phrase en français.

C'est quand?

Exemple: *Le pique-nique, c'est samedi à dix heures.* ....

Qu'est-ce que tu achètes? **1.**

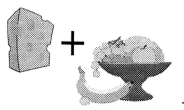

....

Rendez-vous où? **2.**

....

Exam practice questions

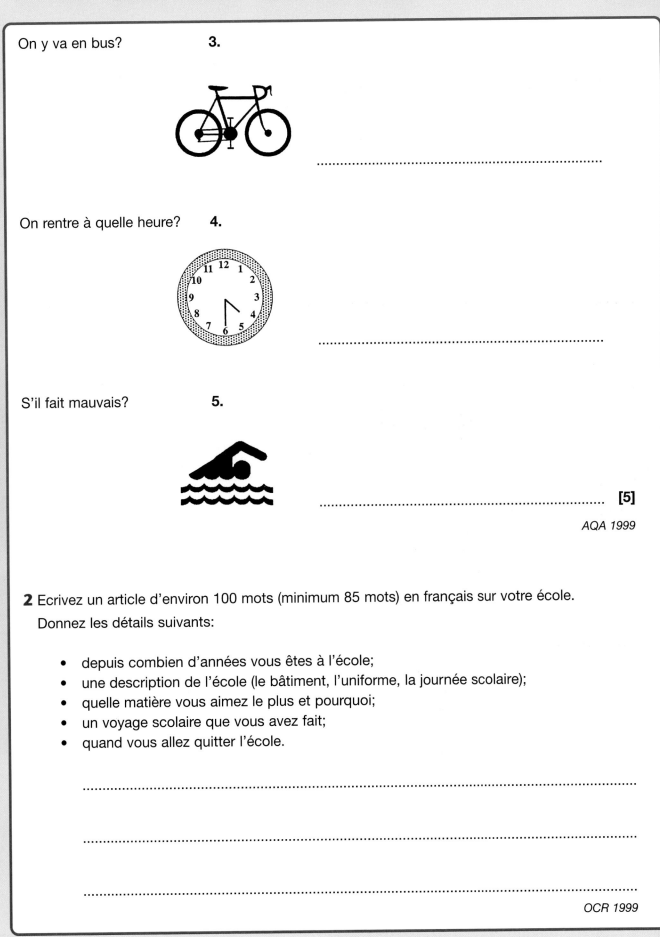

On y va en bus? **3.**

....

On rentre à quelle heure? **4.**

....

S'il fait mauvais? **5.**

.... **[5]**

AQA 1999

2 Ecrivez un article d'environ 100 mots (minimum 85 mots) en français sur votre école.

Donnez les détails suivants:

- depuis combien d'années vous êtes à l'école;
- une description de l'école (le bâtiment, l'uniforme, la journée scolaire);
- quelle matière vous aimez le plus et pourquoi;
- un voyage scolaire que vous avez fait;
- quand vous allez quitter l'école.

....

....

....

OCR 1999

(Leisure)

The following topics are included in this chapter.

- **Sport and free time**
- **The cinema and TV**
- **Music and musical instruments**
- **Grammar**

2.1 Sport and free time

LEARNING SUMMARY

After studying this section and the following exercises, you should be able to:

- **talk about your interests in sport and your hobbies**
- **deal with a variety of role-play situations**
- **give reasons why you like or dislike various sports**
- **understand information about sporting facilities in a French-speaking country**

Sports et loisirs (Sports and leisure activities)

AQA A AQA B
EDEXCEL
OCR
WJEC
NICCEA

This is a favourite topic of examiners. It is likely that you will be asked about your sporting interests and hobbies in the conversation test, in role-play, in the writing tests and in the listening and reading tests. You should make sure that you can talk about your favourite sports and be able to say which you like and which you dislike. You must be able to say how you spend your free time, how you spent your free time (for instance, last weekend) and how you will spend your free time (for instance, next weekend).

les sports d'hiver

la voile

le basket

Sports

l'**alpinisme** (*m*) – climbing
l'**athlétisme** (*m*) – athletics
le **basket** – basketball
le **cyclisme** – cycling
l'**équitation** (*f*) – horse-riding
faire du cheval – to go riding
le **football** – football

le **handball** – handball
le **hockey** – hockey
la **natation** – swimming
la **pêche** – fishing
la **planche à roulettes** –
  skateboarding
la **planche à voile** – windsurfing

le **rugby** – rugby
le **ski nautique** – water-skiing
les **sports d'hiver** – winter sports
le **tennis** – tennis
la **voile** – sailing
le **volley** – volleyball

Sports words

le **ballon** – ball
le **champion** – champion
le **concours** – competition

le/la **cycliste** – cyclist
l'**équipe** (*f*) – team
le **joueur** – player

le **match** – match
le **spectateur** – spectator

Sports verbs

aimer bien – to like a lot
assister – to be present at
attraper – to catch
courir – to run
gagner – to win

grimper – to climb
s'intéresser à – to be interested in
jouer au football – to play football
nager – to swim
patiner – to skate

pêcher – to fish
perdre – to lose
sauter – to jump

le VTT

le café

2 Les loisirs (Leisure)

Free time

avec plaisir – with pleasure
le bal – dance
la boîte de nuit – night club
les boules (fpl) – bowls
la boum – party
le café – café
la canne à pêche – fishing rod
la cassette – cassette
le centre de loisirs – leisure centre
le centre sportif – sports centre
la chanson – song
le/la – chanteur (-euse) – singer
le cinéma – cinema
le cirque – circus

le club – club
le concert – concert
les échecs (mpl) – chess
la fête – party
le jardin zoologique – zoo
le jardinage – gardening
le jeu – game
le jeu d'arcade – arcade game
le jeu électronique – computer game
le jeu-vidéo – video game
le jouet – toy
la location – hiring out
louer – to hire

la maison des jeunes – youth club
le passe-temps – hobby
le patin (à roulettes) – (roller) skate
la planche à voile – surfboard
la promenade – walk
le sac à dos – rucksack
le maillot de bain – swimming costume
le stade – stadium
le vélo – bicycle
le VTT (vélo tout terrain) – mountain bike
le week-end – weekend

Leisure verbs

s'amuser – to have a good time
se baigner – to bathe
bavarder – to chatter
bricoler – to do DIY
se bronzer – to sunbathe
chanter – to sing
écouter – to listen

faire des promenades – to go for walks
faire du lèche-vitrines – to go window shopping
faire le jardinage – to do the gardening

faire une promenade – to go for a walk
jouer aux cartes – to play cards
jouer de la musique – to play music
sortir – to go out

PROGRESS CHECK

Give the French for the following:

1 I play football on Saturdays.
2 I prefer tennis.
3 I like going for walks.
4 I hate gardening.
5 I never play tennis.
6 I go out on Saturday evening.

1 Je joue au football le samedi. 2 Je préfère le tennis. 3 J'aime faire des promenades.
4 Je déteste le jardinage. 5 Je ne joue jamais au tennis. 6 Je sors le samedi soir.

Conversation: Grades G–D

- The following are commonly-asked questions in your speaking exam.
- Practise these sentences with a friend.

Quel est ton passe-temps favori?   J'aime jouer au tennis.

> **You should add a few more hobbies e.g. *et regarder la télé*.**

Où est-ce que tu joues au tennis?   Je joue dans le parc.

Tu joues avec qui?   Je joue avec mes amis.

Tu vas souvent au cinéma?   J'y vais quand j'ai de l'argent.

Tu aimes le jardinage?   Je déteste le jardinage.

Quel sport préfères-tu?   Je préfère le hockey.

Conversation: Grades C–A*

Décris tes passe-temps.   J'ai beaucoup de passe-temps. J'aime jouer au football/hockey/tennis/basket. J'aime aussi regarder la télé, lire, aller au cinéma et sortir avec mes amis.

Quel est ton sport favori?   Mon sport favori est la natation. Normalement je vais à la piscine le samedi avec mes amis.

Qu'est-ce que tu lis?   Je lis des romans mais aussi des magazines et des journaux.

> **This is your chance to use as many present tenses as you can.**

Qu'est-ce que tu fais le soir après tes devoirs?   Je lis, je regarde la télé, j'écoute de la musique, je fais une promenade et je vais voir mon ami.

> **This is your chance to use as many perfect tenses as you can.**

Qu'est-ce que tu as fait hier soir après tes devoirs?   J'ai lu, j'ai regardé la télé, j'ai écouté de la musique, j'ai fait une promenade et je suis allé(e) voir mon ami.

> **This is your chance to use as many future tenses as you can.**

Qu'est-ce que tu vas faire ce soir après tes devoirs?   Je lirai, je regarderai la télé, j'écouterai de la musique, je ferai une promenade et j'irai voir mon ami.

KEY POINT   Use a variety of tenses and give opinions.

PROGRESS CHECK

Give the French for the following:

1. I like tennis and going out.
2. Yesterday I went out with my friends.
3. I will go out with my friends on Saturday.

1 J'aime le tennis et j'aime sortir. 2 Hier je suis sorti(e) avec mes amis.
3 Samedi je sortirai avec mes amis.

2.2 The cinema and TV

LEARNING SUMMARY

After studying this section and the following exercises, you should be able to:

- talk about your favourite films
- deal with a variety of role-play situations
- give reasons why you like or dislike various films or programmes
- understand information about films and TV programmes in a French-speaking country

Films et programmes-télé (Films and TV programmes)

AQA A AQA B
EDEXCEL
OCR
WJEC
NICCEA

Films and TV is a topic which is likely to come up in the speaking exam. You will probably be asked about your favourite type of film or TV programme. In role-play, you might have to organise and book a night at the cinema. In the reading tests, you might be given a TV schedule or a film schedule and asked questions about which programmes are shown at which times.

Cinema and TV

l'acteur (m) – actor
l'actrice (f) – actress
la comédie – comedy
le dessin animé – cartoon
le film comique – comedy
le film d'amour – romantic film

le film d'aventures – adventure film
le film d'épouvante – horror film
le film d'horreur – horror film
le film policier – detective film
la séance – performance

sous-titré – sub-titled
le théâtre – theatre
la vedette – star
en version française – dubbed in French
en version originale – not dubbed
le western – western

TV

les actualités (fpl) – news
la cassette vidéo – video cassette

l'écran (m) – screen
l'émission (f) – programme

le feuilleton – soap
les informations (fpl) – news

Conversation: Grades C–A*

AQA A AQA B
EDEXCEL
OCR
WJEC
NICCEA

Quelle sorte de film aimes-tu?

This is your chance to give an opinion and to justify it.

J'aime les films d'aventure. Je n'aime pas les films d'amour parce qu'ils sont trop sentimentaux. Les films d'épouvante et les films de guerre sont trop barbants.

2.3 Music and musical instruments

After studying this section and the following exercises, you should be able to:

● *talk about your musical interests*
● *say whether you play an instrument*

Musique (Music)

AQA A   AQA B
EDEXCEL
OCR
WJEC
NICCEA

If your teacher knows that you like music or that you play an instrument, you may well be asked about music in your speaking exam. You need to be able to express your likes, dislikes and preferences. You might like to use a famous musician as the subject for your presentation or your writing coursework.

Musical terms

le disc compact – compact disc
la disco (-thèque) – disco
l'hi-fi (f) – hi-fi
jouer du piano – to play the piano

le/la musicien (-ienne) – musician
la musique classique – classical music

l'orchestre (m) – orchestra
pop – pop

le violon

la guitare

Musical instruments

la flûte à bec – recorder
la guitare – guitar

l'instrument (m) – instrument
le piano – piano

la trompette – trumpet
le violon – violin

Conversation: Grades G–D

AQA A   AQA B
EDEXCEL
OCR
WJEC
NICCEA

Tu sais jouer d'un instrument de musique?
Quelle sorte de musique préfères-tu?

Je sais jouer de la guitarre.
Je préfère la musique pop.

2.4 Grammar

After studying this section, you should know about:

- **plural of nouns**
- **agreement of adjectives**
- **irregular feminine forms**
- **position of adjectives**

Plural of nouns

AQA A   AQA B
EDEXCEL
OCR
WJEC
NICCEA

As in English, to make a noun plural, you add an *-s*.

les chaises	chairs

Words that end in *-al* change to *-aux* in the plural.

le cheval	the horse	→	*les chevaux*	the horses
l'animal	the animal	→	*les animaux*	the animals

Words that end in *-eau* add *-x* in the plural.

le cadeau	the present	→	*les cadeaux*	the presents
le chapeau	the hat	→	*les chapeaux*	the hats
le château	the castle	→	*les châteaux*	the castles
le journal	the newspaper	→	*les journaux*	the newspapers
l'oiseau	the bird	→	*les oiseaux*	the birds

Here is a list of other irregular plurals.

le bijou	the jewel	→	*les bijoux*	the jewels
le fils	the son	→	*les fils*	the sons
le jeu	the game	→	*les jeux*	the games
l'œil	the eye	→	*les yeux*	the eyes

Agreement of adjectives

If an adjective describes a feminine singular noun, add *-e*.
If an adjective describes a masculine plural noun, add *-s*.
If an adjective describes a feminine plural noun, add *-es*.

un crayon bleu	a blue pencil
une voiture bleue	a blue car
deux crayons bleus	two blue pencils
deux voitures bleues	two blue cars

If the adjective ends in *-e* already, do not add another *-e*.

un crayon rouge	a red pencil
une voiture rouge	a red car
deux crayons rouges	two red pencils
deux voitures rouges	two red cars

If an adjective ends in *-s* already, do not add another *-s*.

un crayon gris	a grey pencil
deux crayons gris	two grey pencils

Adjectives that end in *-eux* change to *-euse* in the feminine.

un garçon heureux	a happy boy
une fille heureuse	a happy girl
deux garçons heureux	two happy boys
deux filles heureuses	two happy girls

2 Les loisirs (Leisure)

Irregular feminine forms

Masculine singular	Feminine singular	
beau	belle	beautiful
blanc	blanche	white
bon	bonne	good
cher	chère	dear
favori	favorite	favourite
frais	fraîche	fresh
gentil	gentille	nice
gros	grosse	big
italien	italienne	Italian
jaloux	jalouse	jealous
long	longue	long
neuf	neuve	brand new
nouveau	nouvelle	new
premier	première	first
secret	secrète	secret
sportif	sportive	athletic
vieux	vieille	old

Position of adjectives

Most adjectives come after the noun, e.g. *un livre rouge* not *un rouge livre*.

These adjectives come before the noun:

beau – beautiful	**jeune** – young	**nouveau** – new
bon – good	**joli** – pretty	**petit** – small
gentil – nice	**long** – long	**premier** – first
grand – big	**mauvais** – bad	**vieux** – old

KEY POINT Position can change the meaning: un cher ami is 'a dear friend' but un livre cher is 'an expensive book'.

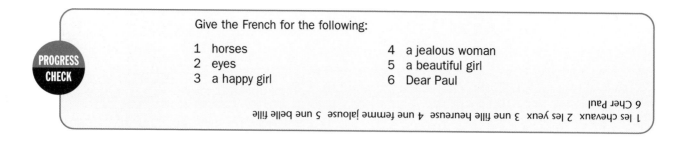

PROGRESS CHECK

Give the French for the following:

1 horses
2 eyes
3 a happy girl
4 a jealous woman
5 a beautiful girl
6 Dear Paul

1 les chevaux 2 les yeux 3 une fille heureuse 4 une femme jalouse 5 une belle fille 6 Cher Paul

AQA A · AQA B · EDEXCEL · OCR · WJEC · NICCEA

Sample GCSE questions

Speaking

Role-play 1

You are at your French friend's house. Your teacher will play the part of the friend.

1. Say your favourite sport is tennis.
2. Say you like going to the cinema.
3. Say you play the guitar.
4. Say you like to go swimming.
5. Say that you go to the pool twice a week.

> Four correct would be around grade D.
> Two correct would be around grade F.

Examiner's role and suggested answers

Examiner	*Je te parle de tes passe-temps.*
	Qu'est-ce que tu aimes comme sport?
Candidate	*Mon sport favori est le tennis.*
Examiner	*Et qu'est-ce que tu fais le soir?*
Candidate	*J'aime aller au cinéma.*
Examiner	*Et la musique?*
Candidate	*Je joue de la guitare.*
Examiner	*Tu as d'autres activités?*
Candidate	*J'aime nager.*
Examiner	*Tous les combien?*
Candidate	*Je vais à la piscine deux fois par semaine.*

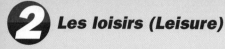

Sample GCSE questions

Role-play 2

You are discussing hobbies with your French penfriend. You have been interested in your hobby for two years. ◄

> When the instructions contain additional detail like this, you can be sure it is there for a reason. Here, it is the basis for the unprepared element in question 4.

Your teacher is your penfriend. You speak first.

1. Demandez à votre correspondant(e) son passe-temps préféré.

2. Décrivez votre passe temps. Donnez deux détails. ◄

> Two details are required. If you only give one, you only get half the marks.

3. Donnez un avantage et un inconvénient de votre passe-temps.

4. Répondez à la question.

> Un inconvénient *means 'a disadvantage'.*

5. Expliquez à votre correspondant(e) quand vous allez pratiquer votre passe-temps la prochaine fois.

Examiner's role and suggested answers

Candidate	*Quel est ton passe-temps préféré?*
Examiner	*J'aime faire des randonnées à pied. Et toi? Parle-moi de ton passe-temps.*
Candidate	*J'aime jouer au golf. Je joue le samedi avec mon frère.*
Examiner	*Est-ce qu'il y a des avantages et des inconvénients?*
Candidate	*C'est très bon pour la santé mais c'est très cher.*
Examiner	*Tu pratiques ce passe-temps depuis quand?*
Candidate	*Je joue au golf depuis deux ans.*
Examiner	*Quand est-ce que tu vas pratiquer ton passe-temps la prochaine fois?*
Candidate	*Demain, j'espère.*

WJEC 2000

Sample GCSE questions

Presentation

You might like to do your presentation on one of your leisure activities. However, watch out – if you mention all of your activities, you may have a problem if one of your conversation topics happens to be 'leisure'. You cannot do the same subject for both your presentation and conversation topics.

But if you choose just one of your activities for your presentation, then your teacher can ask you about the others in the conversation part of the exam.

*Mon passe-temps favori est d´aller au cinéma. J´y vais deux fois par semaine. J´ai de la chance[1] parce qu´il y a un cinéma à un kilomètre de chez moi. Normalement j´y vais avec ma sœur car elle a **les mêmes goûts**[2] que moi. Après le film, on va à un café pour discuter **ce qu´on vient de voir**[3].*

*La semaine dernière **nous avons vu**[4] un film merveilleux. Il s´appelle `Nights Out´ et **il s´agit**[5] d´un Américain qui rencontre une jeune Française en vacances. C´est l´amour `coup de foudre´[6] et ils **s´en vont** ensemble en Amérique du Sud **pour chercher** un trésor perdu.*

*Le film **m´a vraiment plu**[7] car les personnages étaient agréables et j´aime les films quand on peut dire `Tout va bien qui finit bien´[8].*

*Vendredi soir, **j´irai**[9] voir un film britannique qui s´appelle `Moon Quest´. **J´espère que** le film est aussi intéressant que `Nights Out´.*

1	= I am lucky.
2	= the same tastes
3	= what we have just seen
4	*a perfect tense*
5	= it is about
6	= love at first sight
7	= pleased me. *This is a mark-winning way of saying you like something.*
8	= All's well that ends well.
9	*a future tense*

The words in bold type show the kind of language that impresses examiners. Notice the use of past, present and future tenses and the giving of opinions.

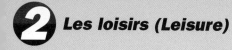

Sample GCSE questions

Writing

1 Vous venez de recevoir cette lettre. Ecrivez une lettre à Dominique (environ 70 mots) et répondez aux questions.

> Vous venez de means 'you have just'.

Toulouse, le 24 mai

Salut!
Merci de ta lettre. J'arrive chez toi dans quinze jours! Ta ville - comment est-elle? Pendant ma visite, qu'est-ce que nous allons faire? Qu'est-ce que tu fais généralement le samedi? Et qu'est-ce que tu as fait le week-end dernier? C'était bien?
Ecris-moi bientôt
Amitiés,
Dominique

> Count the question marks in the letter. There are five. So there are five points you have to mention in your letter. If you leave any out you will lose marks.

> Notice that you have been asked to write in the past, the present and the future. You have also been asked to express an opinion.

Salut Dominique,
Ma ville est très industrielle. Il y a beaucoup d'usines mais beaucoup de cinémas et une patinoire. Pendant ta visite nous **allons patiner**, aller au cinéma et sortir avec mes amis.
Le samedi, je vais voir mes amis, je fais une promenade à la campagne. Le week-end dernier **je suis allé** à Londres et **j'ai vu** les monuments historiques. **C'était très intéressant.**
A bientôt
Leslie

> 1 Immediate future tense
>
> 2 Perfect tense
>
> 3 An opinion

Edexcel 2000

Exam practice questions

Listening

1   TRACK 13

You are in France on holiday and are in front of a museum. You hear an announcement.

1. On which days can you visit the museum?
2. At what time?
3. How long will the guided tour last?
4. Where can you buy your ticket?   [4]

2 TRACK 14

Ecoutez ces extraits de la radio française. Choisissez la description qui correspond le mieux et écrivez la lettre correcte dans les cases.

a) Sport   1. ☐
b) Mauvais temps   2. ☐
c) Visite d'un homme politique   3. ☐
d) Circulation routière   4. ☐
e) Crime   5. ☐   [5]

3 TRACK 15

Deux personnes parlent de leurs goûts. Cochez trois cases pour chaque personne.

		Marc	Juliette
1.	aime rester à la maison	☐	☐
2.	n'aime pas les étrangers	☐	☐
3.	fait des contacts à l'étranger	☐	☐
4.	aime bien sortir	☐	☐
5.	déteste les sports	☐	☐
6.	adore les sports	☐	☐
7.	aime un peu les sports	☐	☐
8.	aime la religion	☐	☐
9.	aime faire des collections	☐	☐
10.	aime danser	☐	☐
11.	aime la politique	☐	☐
		[3]	[3]

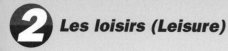

Exam practice questions

4 **TRACK 16**

Une femme décrit ses impressions de l'Espagne. Cochez *favorable* ou *défavorable* pour les aspects suivants.

1.

favorable ☐
défavorable ☐

2.

favorable ☐
défavorable ☐

3.

favorable ☐
défavorable ☐

4.

favorable ☐
défavorable ☐

5.

favorable ☐
défavorable ☐

6.

favorable ☐
défavorable ☐

[6]

5 **TRACK 17**

Ecoutez cette publicité. Regardez la fiche et corrigez les erreurs en français.

Cinéma Rex
Annonce une séance spéciale.
La première du film anglais sous-titré aura lieu jeudi à vingt heures. Ouvert aux moins de dix-huit ans. Entrée 50 francs.

Réservation (obligatoire).
Téléphonez: 03 23 45 67 34

Erreurs

1. ....

2. ....

3. ....

4. ....

5. ....

6. ....

7. .... [7]

Exam practice questions

Reading

1

A la télé   **Mercredi**

16:45 JOURNAL

18:00 CULTURE
Hélène Ségara parle de son dernier disque.

18:30 ÇA SE DISCUTE
Une interview avec des jeunes sans-abri.

19:00 STRASBOURG/METZ
Demi-finale de la coupe de France.

22:30 RACINES
Série. Cette semaine, Martine et Pierre annoncent leurs fiançailles.

23:00 MEURTRES DANS LA NUIT
Film. Un psychiatre et un inspecteur essaient de trouver le criminel.

L'émission est à quelle heure? Ecrivez la bonne heure dans la case.
Exemple: Ces deux équipes se rencontrent au Parc des Princes. | 19:00 |

1. Deux hommes cherchent un tueur.   [   ]

2. On considère les problèmes des adolescents.   [   ]

3. Interview avec une des chanteuses les plus célèbres.   [   ]

4. Un couple décide de se marier.   [   ]   **[4]**

Edexcel 2000

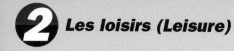

Exam practice questions

2 Voici des extraits d'une interview publiée dans un magazine pour les jeunes.

> Alors, moi, j'achète constamment des crayons et du papier pour mon passe-temps préféré.　*Roland*

> Je suis contente des 100 francs que je reçois de mes parents. J'achète toutes sortes de choses, mais surtout des compacts. J'adore ça.　*Cécile*

> Alors, moi, je reçois 500F par mois – génial! Comme ça, je peux aller n'importe où le soir et le weekend.　*Thérèse*

> Je dépense tout mon argent à acheter des vêtements.　*Karim*

> Chaque vendredi, mon père me donne 50F, ce n'est pas beaucoup, mais c'est assez pour m'acheter un ou deux romans de temps en temps.　*Marc*

> Avec mes 150F, je fais des économies pour acheter des accessoires pour mes chevaux adorés.　*Fatima*

> Parce que j'adore acheter des bagues et des boucles d'oreille, il faut gagner un peu d'argent quand même.　*Corinne*

	Roland	Cécile	Thérèse	Karim	Marc	Fatima	Corinne
Exemple: le dessin	✔						
1 l'équitation							
2 les sorties							
3 la lecture							
4 la musique							
5 acheter des bijoux							

[5]

Edexcel 1999

Exam practice questions

3 Lisez cet interview avec Brad Pitt et répondez aux questions.

Miss STARCLUB   **SUR LE GIRL...**

BRAD PITT

"Dire que je suis un bon acteur, peut-être, mais sûrement pas un grand!"

Vous adorez Brad Pitt? Réjouissez-vous! Dès le 5 avril, il sera à l'affiche de «Légendes d'automne». Quant à son prochain rôle, ce sera celui d'un détective privé à la poursuite d'un serial killer, dans «Seven», de David Fincher. Miss Starclub vous en dit davantage sur la nouvelle coqueluche du tout-Hollywood.

Origines

Né à Shawnee, dans l'Oklahoma, le 18 décembre 1965, William Bradley Pitt mesure 1,83m pour 70kg. Il a un frère, Doug, et une soeur, Julie. Son père, BilI, dirige une société de transports routiers, et sa maman, Jane, est institutrice. De confession baptiste, ses parents lui ont inculqué des principes religieux assez stricts, dont il dit aujourd'hui qu'ils sont «ses meilleurs guides dans la vie».

Traits de caractère

Anxieux et manquant d'assurance, il se définit lui-même comme tel: *«Je suis «insecure» (mal à l'aise). Je ne sais pas ce que je fais quand je suis sur un plateau. Vraiment, je ne sais pas. J'ai toujours l'impression d'être à côté de la plaque.»* Ou encore: *«Dire que je suis un bon acteur, peut-être, mais sûrement pas un grand!>*

Études

Alors qu'il est inscrit à l'université du Missouri en journalisme, option publicité, et qu'il est à deux doigts d'obtenir son diplôme, Brad Pitt plie bagage, range toutes ses affaires dans sa Datsun et prend la route, direction la Californie, sous le prétexte de poursuivre ses études dans une école d'arts graphiques à Pasadena. En réalité, il s'inscrit à des cours de comédie, exerçant différents jobs pour survivre.

Signe particulier

Brad déteste manger! *«C'est une perte de temps,* affirme-t-il. *D 'abord, il faut élaborer un menu. Ensuite vous devez aller au supermarché acheter tous les ingrédients, et surtout, ne rien oublier. Puis il faut rentrer à la maison et tout ranger dans les placards. Ensuite, préparer le repas, le manger, puis faire la vaisselle et nettoyer la cuisine. Quelques heures après, ça recommence. C'est comme si on passait ses journées à ça!»*

Hobbies

Promener ses caméléons en laisse, jouer de la guitare, écouter de la musique ou encore partir avec sa voiture camper en pleine nature font partie de ses loisirs favoris. Tout cela l'aidant, comme il le dit à «garder la tête froide.»

1. Il a quel âge? **[1]**

2. Que fait sa mère dans la vie? **[1]**

3. Est-ce qu'il a beaucoup de confiance comme acteur? Coche la case «oui» ou «non».

   oui ☐   non ☐ **[1]**

4. Qu'est-ce qu'il a étudié à l'université? **[1]**

5. Est-ce qu'il aime faire de la cuisine? Coche la case «oui» ou «non».

   oui ☐   non ☐ **[1]**

6. Qu'est-ce qu'il a comme animaux domestiques? **[1]**

7. Que fait-il pour s'amuser? **[3]**

WJEC 1999

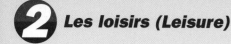

Exam practice questions

4 Lisez cette lettre.

Salut!

Me voici! André, ton nouveau correspondant français. J'ai quinze ans. Je suis assez grand et mince. J'ai deux petites soeurs qui sont pénibles!

Mon père est agriculteur et nous habitons dans une grande maison située en dehors du village.

J'ai ma propre chambre au rez-de-chaussée. Ta chambre sera au premier étage. Pendant ton séjour mes soeurs vont partager une chambre. Elles n'en sont pas très heureuses.

A la maison j'aime lire et regarder la télé. Mes soeurs veulent toujours regarder l'autre chaîne. Dans ce cas-là je m'en vais dans ma chambre pour lire. C'est ce que je préfère.

J'ai beaucoup de copains et de copines. D'habitude je sors le weekend avec eux. On se retrouve en ville. Samedi dernier nous sommes allés à la piscine.

Dans l'attente de te lire bientôt.

André

Répondez à ces questions en français.

Exemple: Qui est André?   *Le nouveau correspondant français.*

1. André, quel âge a-t-il?

2. Combien de frères et de sœurs a-t-il?

3. Comment est sa maison?

4. Où est-ce que le correspondant d'André va dormir pendant l'échange?

5. Pourquoi est-ce que les sœurs d'André ne sont pas contentes?

6. Que fait André dans sa chambre?

7. Avec qui est-il allé nager le week-end dernier?   **[7]**

OCR 1999

Exam practice questions

Writing

1 Vous êtes en vacances. Ecrivez une carte postale (environ 30 mots) à une amie française/un ami français.

- Où êtes-vous?

- Quel temps fait-il?

- Activités le jour?

- Activités le soir?

....

....

....

Edexcel 1999

2 Vous écrivez un article au sujet d'une surprise-partie que vos parents ont organisée pour vous et vos amis, le soir de votre anniversaire. Ecrivez **environ 120 mots**. Vous racontez:

- où et quand la surprise-partie s'est passée;

- combien d'heures la soirée a duré;

- le moment le plus intéressant;

- vos impressions de la surprise-partie;

- comment vous allez passer votre anniversaire l'année prochaine.

....

....

.... **[30]**

CCEA 2000

3 Les Vacances et le logement
(Holidays and accommodation)

The following topics are included in this chapter.

- ● Holidays and accommodation
- ● Transport
- ● Grammar

3.1 Holidays and accommodation

LEARNING SUMMARY

After studying this section and the following exercises, you should be able to:

- ● talk about past and future holidays
- ● cope with a variety of role-plays about being on holiday and accommodation
- ● understand information about booking holidays and booking accommodation
- ● write about experiences abroad

Vacances et logement (Holidays and accommodation)

AQA A AQA B
EDEXCEL
OCR
WJEC
NICCEA

The holiday topic is the main one that examiners use to test your tenses because it is easy to ask questions about what you did last summer and what you will do next summer. The vocabulary provided in this section is particularly important because role-plays are likely to be based on travel problems and booking accommodation.

Similarly, reading and listening tasks are likely to test these words, and you might like to base your coursework or presentation on some aspect of your holiday.

l'office de tourisme **la pellicule**

On holiday

l'appareil photo (*m*) – camera

l'auto-stop (*m*) – hitch-hiking

Bon voyage! – Have a good trip!

Bon week-end! – Have a good weekend!

la brochure – brochure

le bureau de renseignements – information office

le bureau de tourisme – tourist office

la carte – map

le dépliant – leaflet

la douane – customs

l'étranger (-ère) (*m/f*) – foreigner

à l'étranger (*m*) – abroad

l'excursion (*f*) – trip

le/la guide – guide

le passager – passenger

le passeport – passport

la pellicule – film (for a camera)

les renseignements (*mpl*) – information

la réservation – reservation

le retard – delay

le séjour – stay

le ski – skiing

le souvenir – souvenir

la station de ski – ski resort

le syndicat d'initiative – tourist information office

le tour – tour

la tour – tower

le/la touriste – tourist

le trajet – journey

les vacances (*fpl*) – holidays

la valise – suitcase

la visite – visit

le voyage – journey

le voyageur – traveller

l'allumette **la tente** **la caravane**

Camping

l'accueil (*m*) – welcome, reception

l'allumette (*f*) – match

le bloc sanitaire – toilet block

le campeur – camper

le camping – campsite

la caravane – caravan

l'eau non-potable (*f*) – non-drinking water

l'emplacement (*m*) – pitch

le feu – fire

le matériel – equipment

l'ouvre-boîte (*m*) – can opener

l'ouvre-bouteille (*m*) – bottle opener

la pile – (torch) battery

le plat cuisiné – cooked meal

en plein air – in the open air

la salle de jeux – games room

la tente – tent

l'hôtel

At the hotel/youth hostel

l'ascenseur (*m*) – lift
l'auberge de jeunesse (*f*) – youth hostel
les bagages (*mpl*) – luggage
la chambre avec un grand lit – room with a double bed
la chambre de famille – family room
la chambre de libre – room free
la chambre pour deux personnes – double room

la chambre pour une personne – single room
la clé/la clef – key
le dortoir – dormitory
en avance – in advance
la fiche – form
l'hôtel (*m*) – hotel
libre – free
la nationalité – nationality
né le – born on the
le nom – name

le nom de famille – surname
par jour – per day
par personne – per person
la pension (complète) – (full) board
le prénom – first name
la réception – reception
le sac de couchage – sleeping bag

At the seaside

le bateau – boat
au bord de la mer – at the seaside

la marée – tide
la plage – beach

le port – port

Conversation: Grades G–D

The following are questions which you are likely to be asked in your speaking test. Practise them with a friend.

Où es-tu allé(e) en vacances l'année dernière?

Je suis allé(e) en France.

As-tu visité d'autres pays?

J'ai visité l'Espagne et l'Italie.

Avec qui es-tu allé(e)?

Je suis allé(e) avec ma famille.

> These answers are very short, which is why they are in the G–D category.

Quel temps a-t-il fait?

Il a fait beau.

Où as-tu dormi?

On a dormi dans un hôtel.

Combien de temps es-tu resté(e) en France?

Je suis resté(e) deux semaines en France.

Qu'est-ce que tu as fait?

J'ai nagé et j'ai visité les monuments.

Où iras-tu l'année prochaine?

J'irai en Espagne.

3.2 *Transport*

After studying this section and the following exercises, you should be able to:

● *take part in role plays about transport*
● *answer listening and reading questions about how to get to places*
● *include references to transport in your writing tasks*

Le transport (Transport)

AQA A **AQA B**
EDEXCEL
OCR
WJEC
NICCEA

It is particularly important that you learn how to book tickets and ask when a bus or train arrives and leaves. These tasks are very common in GCSE role-play.

l'autobus

Transport in general

l'aéroport (*m*) – airport	**le camion** – lorry	**le métro** – underground train
l'arrêt d'autobus (*m*) – bus stop	**le car** – coach	**la moto** – motorbike
l'autobus (*m*) – bus	**la destination** – destination	**à pied** – on foot
l'autocar (*m*) – coach	**la distance** – distance	**la sortie** – exit
l'autoroute (*f*) – motorway	**en retard** – late	**la station** – tube station
l'avion (*m*) – plane	**la gare** – (railway) station	**les WC** – toilet
la bicyclette/le vélo – bicycle	**la gare routière** – bus station	
le billet – ticket	**le kilomètre** – kilometre	

le péage

By car

l'auto (f) – car
la batterie – battery
la carte routière – road map
le coffre – boot (of car)
le conducteur – driver
en panne – broken down
l'essence (f) – petrol
les essuie-glaces (mpl) – windscreen wipers
le frein – brake

le/la garagiste – garage attendant
le gas-oil – diesel oil
l'huile (f) – oil
la marque – make (i.e. of car)
le moteur – engine
le péage – toll
le permis de conduire – driving licence
le plein – full tank, please
le pneu – tyre

la pression – pressure (tyres)
réparer – to repair
la roue – wheel
la route – road
la route nationale – main road
sans plomb – unleaded
la station-service – petrol station
le stationnement – parking
le super – four-star petrol
la voiture – car

la gare

By train

l'aller-retour (m) – return ticket
l'aller-simple (m) – single ticket
le compartiment – compartment
la consigne (automatique) – left luggage (locker)
le départ – departure
direct – direct

fumeur/non-fumeur – smoking/ non-smoking
la gare – station
occupé – taken
le quai – platform
la salle d'attente – waiting-room

SNCF (Société Nationale de Chemins de Fer Français) – French Railways
TGV (Train à Grande Vitesse) – InterCity trains
le train – train
la voie – track

l'Autriche   la France   la Grande-Bretagne

l'Europe   l'Allemagne   les Etats-Unis

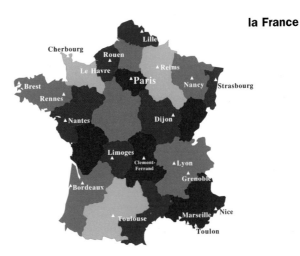

la France

Countries and nationalities

l'Allemagne (f) – Germany
l'Angleterre (f) – England
l'Autriche (f) – Austria
la Belgique – Belgium
le Canada – Canada
le Danemark – Denmark
l'Ecosse (f) – Scotland
l'Espagne (f) – Spain
l'Europe (f) – Europe
les Etats-Unis (mpl) – USA
la France – France
la Grande-Bretagne – Great Britain
la Grèce – Greece
l'Hollande (f) – Holland
l'Irlande (f) – Ireland
l'Irlande du Nord (f) – Northern Ireland
l'Italie (f) – Italy

le Japon – Japan
le Luxembourg – Luxembourg
le Maroc – Morocco
le pays de Galles – Wales
les Pays-Bas (mpl) – Holland
le Portugal – Portugal
le Royaume-Uni – United Kingdom
la Russie – Russia
la Suède – Sweden
la Suisse – Switzerland

allemand – German
américain – American
anglais – English
autrichien (-ienne) – Austrian
belge – Belgian
britannique – British
canadien (-ienne) – Canadian

danois – Danish
écossais – Scottish
espagnol – Spanish
européen (-enne) – European
français – French
gallois – Welsh
grec/grecque – Greek
hollandais – Dutch
irlandais – Irish
italien (-ienne) – Italian
japonais – Japanese
luxembourgeois – Luxembourg
marocain – Moroccan
portugais – Portugese
russe – Russian
suédois – Swedish
suisse – Swiss

Verbs

aller voir – to visit (a person)
arriver – to arrive
attendre – to wait for
se baigner – to bathe
se bronzer – to sunbathe
changer – to change
confirmer – to confirm
coûter – to cost
dépenser – to spend (money)
donner sur – to overlook
dormir – to sleep
envoyer – to send

faire des promenades – to go for walks
faire du camping – to camp
faire le plein – to fill up (with petrol)
loger – to give accommodation
louer – to hire
nager – to swim
partir – to leave
passer – to spend (time)
payer – to pay
pêcher – to fish

prendre des photos – to take photos
se promener – to go for a walk
se renseigner – to get information
réserver – to book
rester – to stay
retourner/revenir – to return
signer – to sign
visiter – to visit (a place)
voyager – to travel

Conversation: Grades C–A*

AQA A   AQA B
EDEXCEL
OCR
WJEC
NICCEA

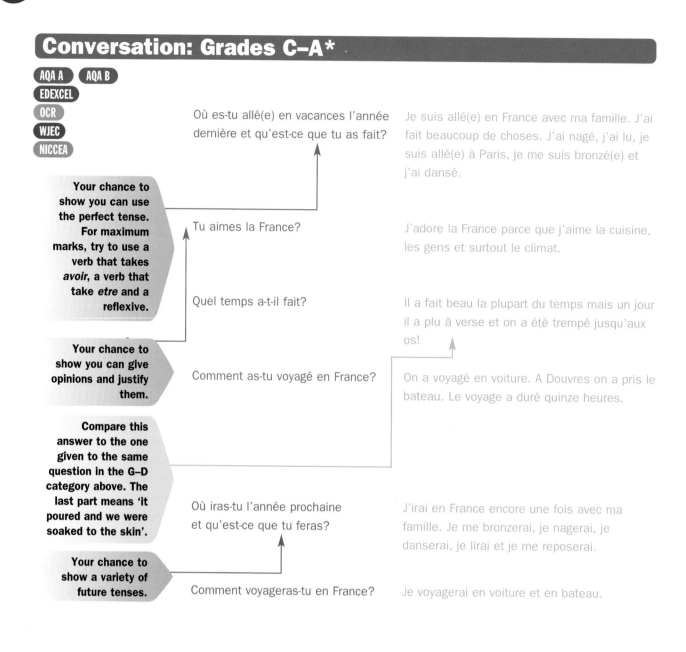

Your chance to show you can use the perfect tense. For maximum marks, try to use a verb that takes *avoir*, a verb that take *etre* and a reflexive.

Où es-tu allé(e) en vacances l'année dernière et qu'est-ce que tu as fait?

Je suis allé(e) en France avec ma famille. J'ai fait beaucoup de choses. J'ai nagé, j'ai lu, je suis allé(e) à Paris, je me suis bronzé(e) et j'ai dansé.

Tu aimes la France?

J'adore la France parce que j'aime la cuisine, les gens et surtout le climat.

Your chance to show you can give opinions and justify them.

Quel temps a-t-il fait?

Il a fait beau la plupart du temps mais un jour il a plu à verse et on a été trempé jusqu'aux os!

Compare this answer to the one given to the same question in the G–D category above. The last part means 'it poured and we were soaked to the skin'.

Comment as-tu voyagé en France?

On a voyagé en voiture. A Douvres on a pris le bateau. Le voyage a duré quinze heures.

Où iras-tu l'année prochaine et qu'est-ce que tu feras?

J'irai en France encore une fois avec ma famille. Je me bronzerai, je nagerai, je danserai, je lirai et je me reposerai.

Your chance to show a variety of future tenses.

Comment voyageras-tu en France?

Je voyagerai en voiture et en bateau.

KEY POINT Most of these questions are very predictable, so be sure to have a speech ready for each one.

PROGRESS CHECK

Give the French for the following:

1 suitcase
2 toilet block
3 lift
4 to sunbathe
5 at the seaside
6 lorry
7 broken down
8 platform
9 Germany
10 German
11 I have lost my suitcase.
12 Where is the lift?
13 I am going to sunbathe.
14 Our car has broken down.
15 He is German.

1 la valise 2 le bloc sanitaire 3 l'ascenseur (m) 4 se bronzer 5 au bord de la mer 6 le camion 7 en panne 8 le quai 9 l'Allemagne (f) 10 allemand 11 J'ai perdu ma valise. 12 Où est l'ascenseur? 13 Je vais me bronzer. 14 Notre voiture est en panne. 15 Il est allemand.

3.3 *Grammar*

LEARNING SUMMARY

After studying this section, you should know about:

● *the perfect tense*

The perfect tense

AQA A **AQA B**
EDEXCEL
OCR
WJEC
NICCEA

This is the tense you use to say what you did in the past, e.g. I went to town and I bought some clothes.

Verbs conjugated with *avoir*

● *-er* verbs

donner

j'ai donné (I have given, I gave)

tu as donné

il a donné

elle a donné

nous avons donné

vous avez donné

ils ont donné

elles ont donné

● *-ir* verbs

finir

j'ai fini (I have finished, I finished)

tu as fini

il a fini

elle a fini

nous avons fini

vous avez fini

ils ont fini

elles ont fini

● *-re* verbs

vendre

j'ai vendu (I have sold, I sold)

tu as vendu

il a vendu

elle a vendu

nous avons vendu

vous avez vendu

ils ont vendu

elles ont vendu

● The following verbs have irregular past participles.

avoir	*j'ai eu*	I had, I have had
boire	*j'ai bu*	I drank, I have drunk
connaître	*j'ai connu*	I knew, I have known

courir	j'ai couru	I ran, I have run
croire	j'ai cru	I believed, I have believed
devoir	j'ai dû	I had to (owed), I have had to (have owed)
dire	j'ai dit	I said, I have said
écrire	j'ai écrit	I wrote, I have written
être	j'ai été	I was, I have been
faire	j'ai fait	I made/did, I have made/done
lire	j'ai lu	I read, I have read
mettre	j'ai mis	I put, I have put
ouvrir	j'ai ouvert	I opened, I have opened
pleuvoir	il a plu	it rained, it has rained
pouvoir	j'ai pu	I was able, I have been able
prendre	j'ai pris	I took, I have taken
recevoir	j'ai reçu	I received, I have received
rire	j'ai ri	I laughed, I have laughed
savoir	j'ai su	I knew, I have known
suivre	j'ai suivi	I followed, I have followed
vivre	j'ai vécu	I lived, I have lived
voir	j'ai vu	I saw, I have seen
vouloir	j'ai voulu	I wanted, I have wanted

Verbs conjugated with *être*

They are sometimes easier to remember in pairs.

aller	to go	venir	to come
arriver	to arrive	partir	to leave
entrer	to enter	sortir	to go out
rentrer	to go back	retourner	to return
descendre	to go down	monter	to go up
rester	to stay	tomber	to fall
naître	to be born	mourir	to die
devenir	to become	revenir	to come back

These have irregular past participles.

revenir	je suis revenu(e)	I came back, I have come back
venir	je suis venu(e)	I came, I have come
mourir	il est mort, elle est morte	he died, she died
naître	je suis né(e)	I was born

Reflexive verbs

With reflexive verbs, you use *être*.

se laver

je me suis lavé(e) (I washed myself)	nous nous sommes lavé(e)s
tu t'es lavé(e)	vous vous êtes lavé(e)(s)
il s'est lavé	ils se sont lavés
elle s'est lavée	elles se sont lavées

PROGRESS CHECK

Give the French for the following:

I went to the restaurant. I ate a steak and I drank a glass of beer.

Je suis allé(e) au restaurant. J'ai mangé un steak et j'ai bu un verre de bière.

Sample GCSE questions

Speaking

Role-play 1

TRACK 18

You have arrived at a hotel in France and are speaking to the receptionist.
You speak first.

1. Saluez l'employé(e).
2. Dites quelles chambres vous voulez.

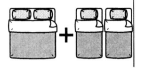

3. Donnez deux autres détails des chambres que vous voulez.

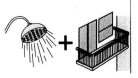

4. Dites combien de temps vous voulez rester.

The question mark means that you can invent any number of nights.

5. Finissez poliment la conversation.

Examiner's role and suggested answers

Candidate	*Bonsoir, Monsieur.*
Examiner	*Bonsoir. Qu'est-ce que vous désirez?*
Candidate	*Je voudrais une chambre avec un grand lit et une chambre avec deux lits.*
Examiner	*D'accord. Pas de problème, Monsieur.*
Candidate	*Des chambres avec douche et avec un balcon, s'il vous plait.*
Examiner	*Vous allez rester combien de temps?*
Candidate	*Deux nuits, s'il vous plait.*
Examiner	*D'accord*
Candidate	*Au revoir, Monsieur.*
Examiner	*Au revoir, Monsieur.*

AQA 1999

Sample GCSE questions

Role-play 2 🎵 TRACK 19

Situation: the notes and pictures below give an outline of the beginning of a holiday last year, when you, or someone you know, visited some friends in Switzerland.

> This type of role-play is used by OCR for Higher Tier.

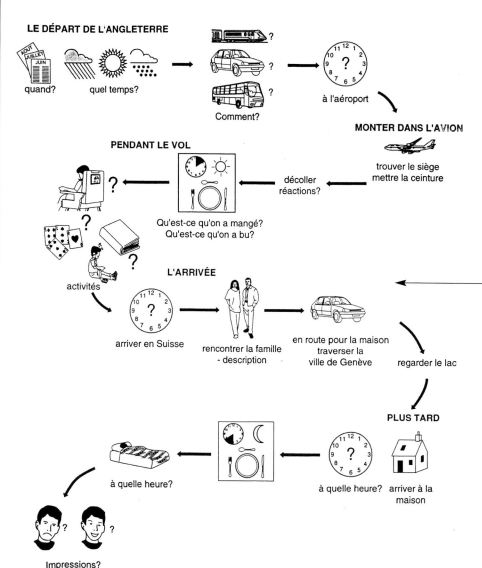

> This type of role-play is largely a test of your knowledge of the perfect tense. Put all these infinitives into the perfect. Do use some imperfects, e.g. when talking about the weather.

Examiner's role and suggested answers

Candidate L'année dernière je suis parti(e) en vacances au mois de juin avec mes parents. Je voulais rendre visite à mes amis en Suisse.

Examiner Quel temps faisait-il?

Candidate Il faisait beau et nous sommes allés à l'aéroport en

Sample GCSE questions

taxi. Nous sommes montés dans l'avion et j'ai trouvé
un siège, j'ai mis ma ceinture et l'avion est parti. Je
n'avais pas peur.

Examiner	*Qu'est-ce que tu as fait pendant le vol?*
Candidate	*J'ai joué aux cartes et j'ai lu. Nous avons déjeuné,*
	mais le repas n'était pas très bon. C'était du poulet,
	et je ne l'ai pas aimé. Mais j'ai bu du coca. Je suis
	arrivé(e) en Suisse à dix heures et mes amis
	m'attendaient a l'aéroport. Ils étaient très sympas.
	En route pour la maison nous avons traversé la ville
	de Genève, nous avons admiré le lac et plus tard nous
	sommes arrivés à la maison. Nous avons mangé un
	repas superbe et nous nous sommes couchés.
Examiner	*Et tes impressions?*
Candidate	*Je pense que le voyage s'est très bien passé et que*
	mes amis étaient très gentils.

> *'I wasn't frightened.'*
> *Good use of the*
> *imperfect.*

OCR 1999

Writing

Vous avez lu cette lettre dans un magazine.

> Les vacances approchent mais je suis triste.
> Pourquoi? Je n'ai pas de petit job. En plus, je veux
> partir en vacances avec mes copains mais mes
> parents ne veulent pas. C'est comme ça chez vous?
> Ecrivez-moi vite – j'en ai marre.
>
> Jeanne

Ecrivez une lettre en français à Jeanne. Répondez à ces questions:

1. Que faites-vous pour gagner de l'argent?
2. Comment le dépensez-vous?
3. Est-il facile de trouver un petit job près de chez vous? Expliquez votre réponse.
4. Préférez-vous passer vos vacances avec votre famille ou avec vos copains? Pourquoi?
5. Comment avez-vous passé vos dernières vacances?
6. Que ferez-vous cet été?

Essayez d'encourager Jeanne.

> *To do this question well*
> *you have to:*
> • *give an opinion in*
>   *question 4;*
> • *use the perfect tense in*
>   *question 5;*
> • *use the future tense in*
>   *question 6;*
> • *give encouragement at*
>   *the end.*

Sample GCSE questions

Model answer

Birmingham, le 20 juin

Chère Jeanne,

J'ai vu ta lettre dans un magazine et je voudrais décrire ce que je fais pour gagner de l'argent.

> Three different tenses in the first sentence. This will get you extra marks.

Je lave les voitures de mes voisins le dimanche. Je gagne trois livres pour chaque voiture. Le lendemain, je vais au centre-ville et j'achète des vêtements. Il n'est pas facile de trouver un petit job près de chez moi parce qu'il y a beaucoup de chômage. Je préfère passer mes vacances avec mes amis parce que c'est plus intéressant. Je m'ennuie quand je suis avec mes parents.

J'ai passé[1] mes dernières vacances avec mes parents en Grèce. J'ai nagé[1] dans la mer, j'ai dansé[1] dans les clubs et j'ai fait[1] des excursions avec mes parents. Cet été, j'irai[2] en France avec mes amis. On va[2] camper et faire des promenades dans les montagnes.

> 1 Perfect tense.
> 2 Future/immediate future tense.
> 3 Good expression to give encouragement.

Jeanne, bon courage[3]! Tu vas bientôt trouver un petit job.

Cordialement,
Ann.

AQA 1999

> All the tasks have been attempted.

Exam practice questions

Listening

1 TRACK **20**

You are going to Paris. Tick one box only for each question.

1. You ask what time your train will reach Paris.

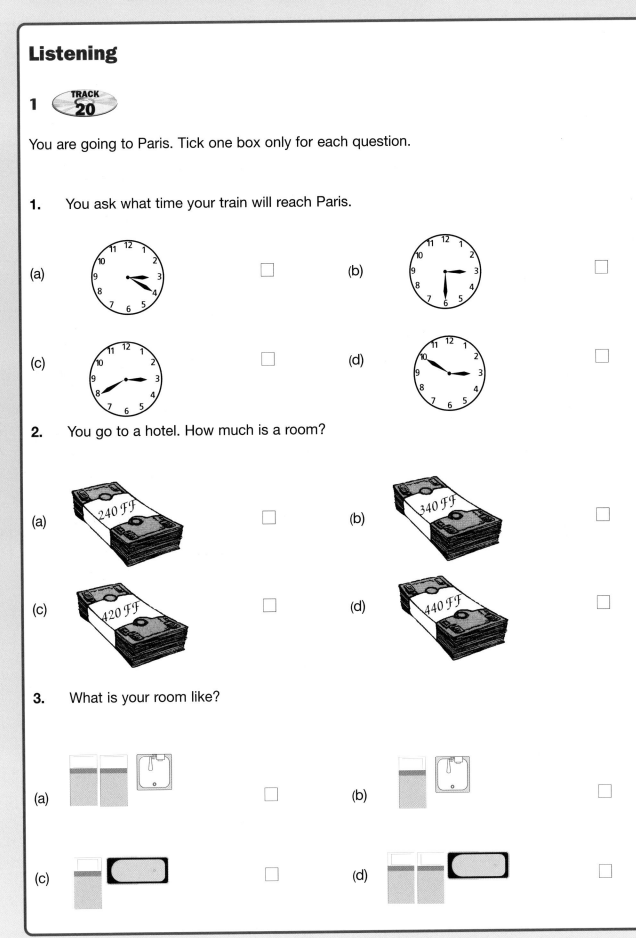

(a) ☐   (b) ☐

(c) ☐   (d) ☐

2. You go to a hotel. How much is a room?

(a) 240 FF ☐   (b) 340 FF ☐

(c) 420 FF ☐   (d) 440 FF ☐

3. What is your room like?

(a) ☐   (b) ☐

(c) ☐   (d) ☐

Exam practice questions

4. How should you go to the town centre?

(a) 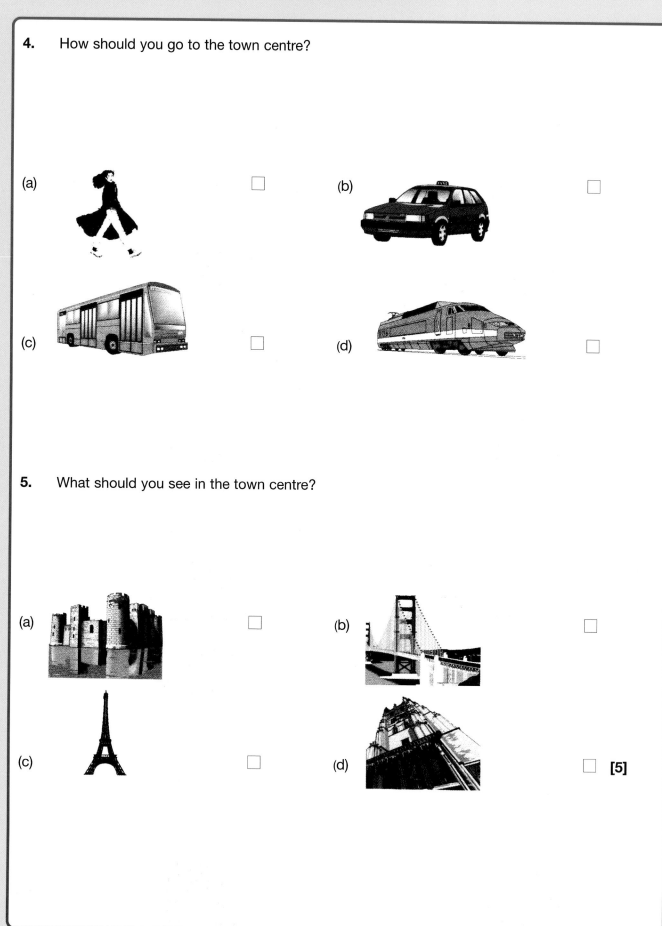 ☐ (b) ☐

(c) ☐ (d) ☐

5. What should you see in the town centre?

(a) ☐ (b) ☐

(c) ☐ (d) ☐ **[5]**

Exam practice questions

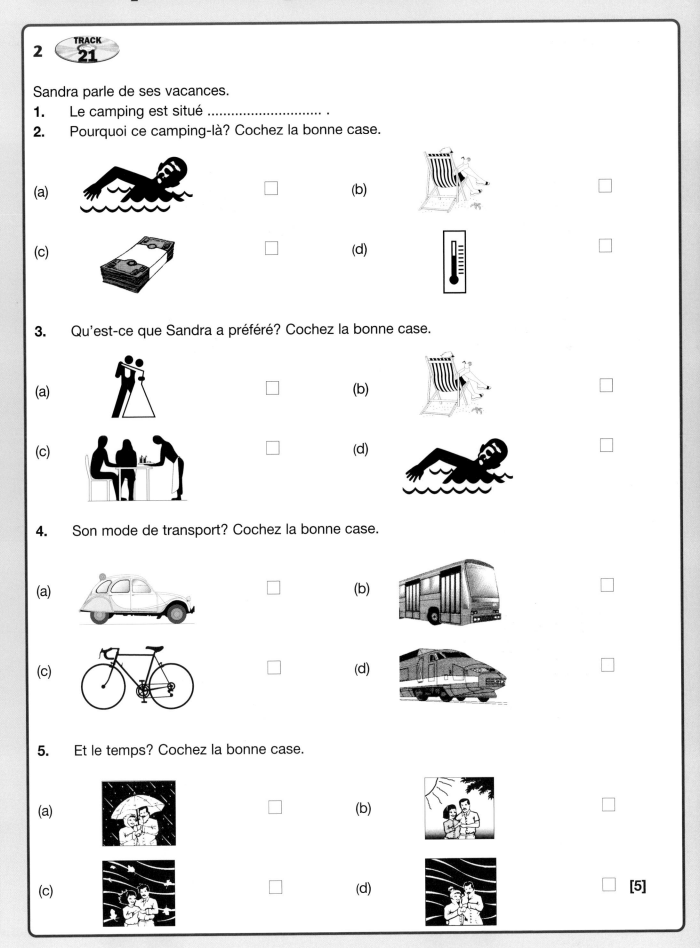

2 TRACK **21**

Sandra parle de ses vacances.

1. Le camping est situé ....

2. Pourquoi ce camping-là? Cochez la bonne case.

(a) ☐ (b) ☐

(c) ☐ (d) ☐

3. Qu'est-ce que Sandra a préféré? Cochez la bonne case.

(a) ☐ (b) ☐

(c) ☐ (d) ☐

4. Son mode de transport? Cochez la bonne case.

(a) ☐ (b) ☐

(c) ☐ (d) ☐

5. Et le temps? Cochez la bonne case.

(a) ☐ (b) ☐

(c) ☐ (d) ☐ **[5]**

Exam practice questions

3 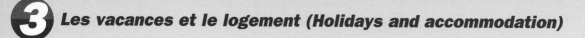 TRACK **22**

Ecoutez la conversation entre Edgar et Jean et répondez en français ou cochez la bonne case.

1. Pourquoi ne va-t-il pas en Grèce? ....

2. Jean restera seul à Lyon? Cochez la bonne case.

    (a)   son amie reste aussi   ☐

    (b)   son ami reste aussi   ☐

    (c)   son amie part aussi   ☐

    (d)   son ami part aussi   ☐

3. Que dit Jean au sujet de Lyon? Cochez la bonne case.

    (a)   la ville lui plaît   ☐

    (b)   il trouve la ville ennuyeuse   ☐

    (c)   il déteste la ville   ☐

    (d)   il adore la ville   ☐

4. Où travaillera Jean? ....

5. Qu'est-ce qu'il fera le soir? Cochez la bonne case.

    (a)   il sortira au cinéma   ☐

    (b)   il travaillera   ☐

    (c)   il sera avec son amie   ☐

    (d)   il va gagner de l'argent   ☐

6. Pourquoi ne va-t-il pas en Espagne? ....

7. Comment a-t-il fait le voyage en Espagne l'an dernier? Cochez la bonne case.

(a) ☐   (c) ☐

(b) ☐   (d) ☐

Exam practice questions

8.   Pourquoi ne va-t-il pas à Paris? Cochez la bonne case.

(a)   C'est trop cher.   ☐

(b)   C'est trop loin.   ☐

(c)   C'est trop grand.   ☐

(d)   C'est trop familier.   ☐   **[8]**

4   TRACK **23**

Un père et une mère discutent de leur voyage à Londres.
Cochez la case de la personne qui exprime cette opinion.

		la mère	le père
1.	Cette personne veut aller à Londres en voiture.	☐	☐
2.	Cette personne ne souffre jamais du mal de mer.	☐	☐
3.	Cette personne n'aime pas manger à bord du ferry.	☐	☐
4.	Cette personne aime voir le paysage.	☐	☐
5.	Cette personne veut prendre l'avion.	☐	☐
6.	Cette personne veut aller directement à l'hôtel.	☐	☐
7.	Cette personne propose d'y aller par le train.	☐	☐
8.	Cette personne dit que les trains ne sont pas toujours à l'heure.	☐	☐
9.	Cette personne dit que le train va les laisser près de leur hôtel.	☐	☐

[9]

5   TRACK **24**

Un client décrit son hôtel. Cochez les *cinq* déclarations qui sont vraies.

1.   L'aménagement a fait une bonne impression.   ☐

2.   Ils n'ont pas eu de problèmes à l'hôtel.   ☐

3.   Ils ont eu des problèmes avec des insectes.   ☐

4.   Ils n'étaient pas au sixième étage.   ☐

5.   Le service dans le restaurant était très lent.   ☐

6.   La spécialité du restaurant est les fruits de mer.   ☐

7.   Les fromages leur ont plu.   ☐

8.   Il y avait du bruit de musique.   ☐

9.   Il y avait du bruit de bon matin.   ☐   **[6]**

Exam practice questions

6 TRACK **25**

Ecoutez l'annonce à la radio concernant un week-end en Espagne. Complétez les détails en français.

MADRID – LE VOYAGE

Durée du vol: ....

Prix du vol: ....

Pas compris dans le prix: ....

Problème avec les hôtels: ....

Solution à ce problème: ....

Information sur les dîners en Espagne: ....

Le meilleur plat: ....

Méthode de paiement: .... **[7]**

Reading

1

Answer each question by ticking one box only.

Example: In a French town you want to find the railway station.
Which sign should you look for?

(a)   ✔   GARE
(b)   ☐   CENTRE-VILLE
(c)   ☐   MARCHE

Now answer these questions.

1.   In a French town, you want tourist information.
Which sign do you look for?

(a)   ☐   PISCINE
(b)   ☐   OFFICE DE TOURISME
(c)   ☐   MUSEE DE LA MER

Exam practice questions

2. You want a hotel you can eat in.
Which description do you choose?

(a) ☐ RESTAURANT A 100 M.
(b) ☐ SANS RESTAURANT
(c) ☐ AVEC RESTAURANT

3. At the hotel, you see this sign: PARKING DERRIERE L'HOTEL.
Where is the car park?

(a) ☐ in front of the hotel
(b) ☐ beside the hotel
(c) ☐ behind the hotel

4. On a menu you read: POISSON
What is it?

(a) ☐  (b) ☐ (c) ☐

5. There is a message from a French friend, arranging to meeting you:

Rendez-vous à dix heures devant l'église.

Where are you to meet?

(a) ☐ (b) ☐ (c) ☐

[5]

OCR 1999

Exam practice questions

2 Lisez cette lettre.

Hôtel Saint Louis
Bertrand
France

Madame,

Je vous remercie de votre lettre. J'ai réservé des chambres pour les dates que vous désirez.
Notre hôtel se trouve au centre de la ville. Pour venir de l'aéroport il y a un service de taxis et
un service d'autocars. Si vous prenez l'autocar vous devez descendre à la gare routière à cinq
cents mètres de l'hôtel.
Les chambres sont au deuxième étage où c'est très tranquille.
Le petit déjeuner est compris dans le prix des chambres.
Veuillez agréer, Madame, mes meilleurs sentiments.

A. Parnelle

Remplissez les blancs. Trouvez les mots dans cette liste.

s'arrête	~~chambres~~	compris
car	étage	restaurant
centre	grand	taxi

Exemple: Le propriétaire a réservé des *chambres.*

1.   L'hôtel est situé au ....

2.   Pour venir de l'aéroport on peut prendre un .... ou un ....

3.   L'autocar .... à 500m de l'hôtel.

4.   Au deuxième .... c'est très calme.

5.   On ne paie pas de supplément pour le petit déjeuner, c'est ....

[6]
OCR 1999

Exam practice questions

3 You are on holiday with your family in France and are travelling by car.

1. You are looking for somewhere to park and see this sign.

    (a)   What kind of car park is it?
    (b)   What does the sign say about opening times?
    (c)   Which days is it open?
    (d)   What do you have to do?

2. Later, you see this sign.

Why can't you park here?

3. Finally, you see this sign.

Where is this car park?

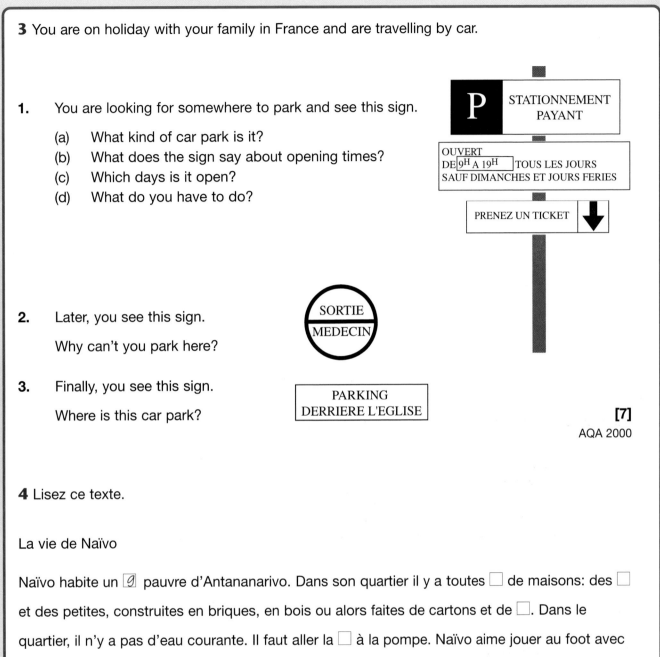

[7]
AQA 2000

4 Lisez ce texte.

La vie de Naïvo

Naïvo habite un ▱ pauvre d'Antananarivo. Dans son quartier il y a toutes ▱ de maisons: des ▱ et des petites, construites en briques, en bois ou alors faites de cartons et de ▱. Dans le quartier, il n'y a pas d'eau courante. Il faut aller la ▱ à la pompe. Naïvo aime jouer au foot avec les ▱ du voisinage. Ils ont fabriqué eux-mêmes leur ▱ avec des morceaux de plastique et de la corde. Parfois ils ▱ avec des cerfs-volants.

Ecrivez dans la case la lettre du mot qui correspond.

(a)	ballon	(b)	chercher
(c)	enfants	(d)	grandes
(e)	jouer	(f)	plastique
(g)	quartier	(h)	s'amusent
(i)	sœur	(j)	sortes

[7]
AQA 2000

Exam practice questions

5 Lisez cette lettre.

Cher Alan,

Est-ce que tu veux venir en France cet été?

J'ai une tante qui vient de nous inviter à passer trois semaines chez elle. Elle tient un grand camping près de Biarritz. C'est là où j'ai passé les grandes vacances l'été dernier.

Il nous faudra aider avec le travail. Qu'est-ce que tu préfères? Vider les poubelles? Servir au magasin? On sera obligés de faire une ou deux heures par jour. Ce n'est pas trop dur. On nous paiera aussi! Tu seras très utile car il y a toujours un grand nombre de campeurs britanniques.

La ville de Biarritz est très animée. Il y a des cafés, des cinémas et des discos. En plus, la frontière espagnole n'est pas loin du camping. Donc, si cela t'intéresse, on pourrait peut-être faire un voyage en Espagne.

Ecris-moi pour me dire ce que tu en penses? Ce sera formidable, n'est-ce pas?

Bernard

Répondez en français.

Exemple: Bernard, pourquoi écrit-il à Alan?

Pour l'inviter à venir en France.

1. Qui est propriétaire du camping?

2. Bernard, qu'est-ce qu'il avait fait pendant les grandes vacances l'année dernière?

3. Qu'est-ce que les garçons devront peut-être faire au camping?

4. Comment Alan, pourra-t-il aider les campeurs britanniques?

5. Qu'est-ce qu'il y a à faire à Biarritz?

6. Pourquoi sera-t-il facile d'aller en Espagne?

7. On a l'impression que le travail ne sera pas . . .

(a) payé. ☐
(b) difficile. ☐
(c) obligatoire. ☐

8. Si Alan accepte l'invitation, on a l'impression que Bernard sera . . .

(a) déçu. ☐
(b) ravi. ☐
(c) étonné. ☐

[8]

OCR 2000

Exam practice questions

Writing

1 Vous faites une réservation au Camping des Dunes en France. Donnez les détails suivants en français. Ecrivez des phrases complètes.

Exemple

- réservation
  Je voudrais faire une réservation.

- nombre de personnes

- équipement

- situation préférée

- date d'arrivée

- combien de temps

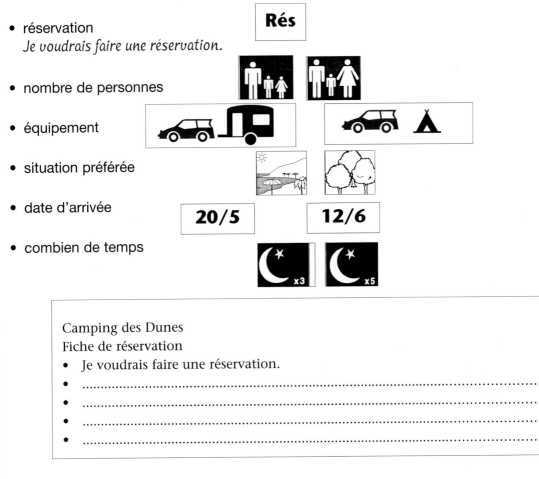

Camping des Dunes
Fiche de réservation
- Je voudrais faire une réservation.
- ....
- ....
- ....
- ....

OCR 1999

2 Vous allez faire une visite chez votre correspondant(e) à Grenoble. Ecrivez une lettre d'environ 100 mots (minimum 90 mots) en français pour donner les détails suivants:

- comment vous allez voyager et quand;
- deux activités que vous voudriez faire à Grenoble;
- vos raisons;
- une activité que vous avez déjà faite l'année dernière;
  et posez une question sur la région.

OCR 2000

A table et en ville

(Eating and in the town)

The following topics are included in this chapter:

- **Shopping, food and drink**
- **Grammar**

4.1 Shopping, food and drink

LEARNING SUMMARY

After studying this section and the following exercises, you should be able to:

- **order food and drink in cafés and restaurants**
- **cope with a variety of role-play situations**
- **understand information such as menus and signs in shops**
- **write about your preferences when shopping, eating and drinking**

La nourriture (Food)

AQA A   AQA B
EDEXCEL
OCR
WJEC
NICCEA

Shopping, food and drink are topics that are regularly tested in role-plays. Café and restaurant role-plays are extremely common at GCSE. In listening and reading exercises, you are likely to be tested on the vocabulary. In the conversation test, you may be asked about your shopping habits and what kind of food and drink you like.

Meals

le déjeuner – lunch	**le goûter** – afternoon snack	**le pique-nique** – picnic
le dîner – dinner	**le petit déjeuner** – breakfast	**le repas** – meal

les tomates   les carottes   les oignons

Vegetables

la carotte – carrot	**le haricot vert** – runner bean	**la pomme de terre** – potato
le champignon – mushroom	**le légume** – vegetable	**le riz** – rice
le chou – cabbage	**l'oignon (*m*)** – onion	**la salade** – salad, lettuce
les frites (*fpl*) – chips	**le petit pois** – pea	**la tomate** – tomato

l'ananas

les fraises   les pommes

Fruit

l'abricot (*m*) – apricot	**la fraise** – strawberry	**la pêche** – peach
l'ananas (*m*) – pineapple	**la framboise** – raspberry	**la poire** – pear
la banane – banana	**le fruit** – fruit	**la pomme** – apple
la cerise – cherry	**le melon** – melon	**le raisin** – grape
le citron – lemon	**l'orange (*f*)** – orange	**le raisin sec** – raisin

Meat

l'agneau (m) – lamb	**le jambon** – ham	**le saucisson** – salami-type sausage
le bifteck – steak	**le porc** – pork	**le steak** – steak
le bœuf – beef	**le poulet** – chicken	**le veau** – veal
le canard – duck	**la saucisse** – sausage	**la viande** – meat

le couteau   la fourchette   la cuillère

On the table

l'assiette (*f*) – plate	**la moutarde** – mustard	**la soucoupe** – saucer
le bol – bowl	**la nappe** – tablecloth	**le sucre** – sugar
la cafetière – coffee pot	**le poivre** – pepper	**la table** – table
le couteau – knife	**la sauce au jus de la viande** – gravy	**la tasse** – cup
le cuiller/la cuillère – spoon		**le verre** – glass
la fourchette – fork	**le sel** – salt	

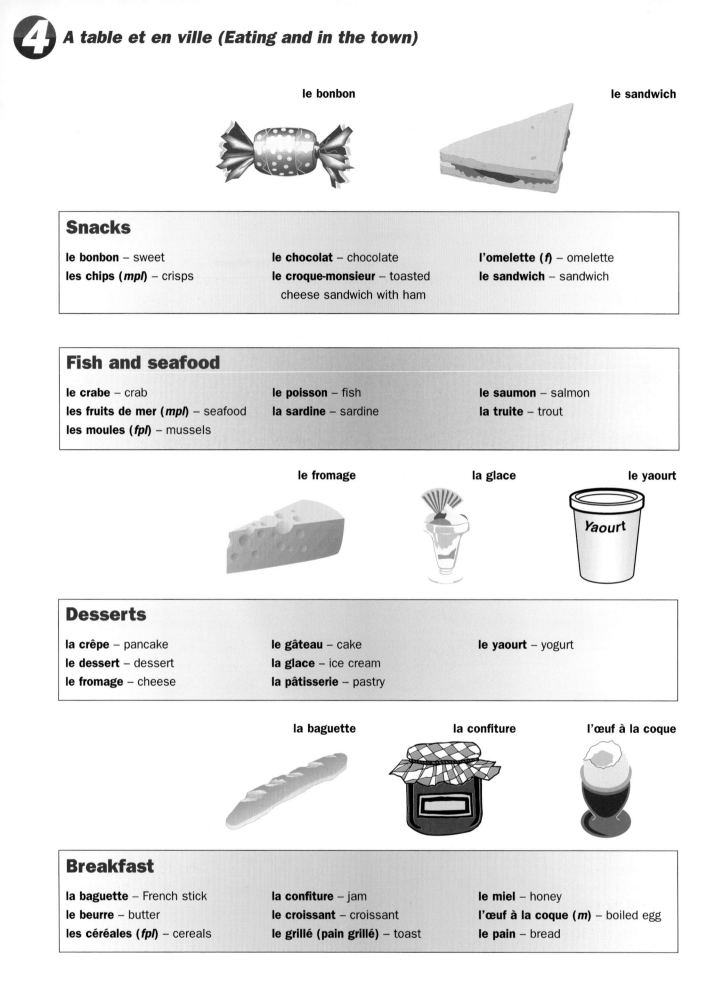

le bonbon

le sandwich

Snacks

le bonbon – sweet

les chips (*mpl*) – crisps

le chocolat – chocolate

le croque-monsieur – toasted cheese sandwich with ham

l'omelette (*f*) – omelette

le sandwich – sandwich

Fish and seafood

le crabe – crab

les fruits de mer (*mpl*) – seafood

les moules (*fpl*) – mussels

le poisson – fish

la sardine – sardine

le saumon – salmon

la truite – trout

le fromage

la glace

le yaourt

Desserts

la crêpe – pancake

le dessert – dessert

le fromage – cheese

le gâteau – cake

la glace – ice cream

la pâtisserie – pastry

le yaourt – yogurt

la baguette

la confiture

l'œuf à la coque

Breakfast

la baguette – French stick

le beurre – butter

les céréales (*fpl*) – cereals

la confiture – jam

le croissant – croissant

le grillé (pain grillé) – toast

le miel – honey

l'œuf à la coque (*m*) – boiled egg

le pain – bread

Aux restaurants et aux magasins (In restaurants and shops)

la bière   le café   l'eau

AQA A   AQA B
EDEXCEL
OCR
WJEC
NICCEA

Types of drink

la bière – beer
la boisson – drink
le café – coffee
le café-crème – white coffee
le chocolat chaud – hot chocolate
le cidre – cider

le citron pressé – crushed lemon
le coca (-cola) – coke
l'eau (f) – water
l'eau minérale (f) – mineral water
le jus de fruit – fruit juice
le lait – milk

la limonade – lemonade
l'orangina (f) – orangeade
le thé – tea
le vin – wine

Conversation: Grades G–D

AQA A   AQA B
EDEXCEL
OCR
WJEC
NICCEA

A quelle heure manges-tu le petit déjeuner? — Je mange le petit déjeuner à sept heures.

Qu'est-ce que tu manges? — Je mange du pain grillé et un œuf.

Quel est ton fruit préféré? — Je préfère les pommes.

Quel est ton légume préféré? — J'adore les frites!

Quelle est ta viande préférée? — J'aime bien l'agneau.

Qu'est-ce que tu aimes comme sandwich? — Je préfère les sandwichs au jambon.

Et comme snack, qu'est-ce que tu manges? — Je mange du chocolat.

Qu'est-ce que tu aimes comme dessert? — J'aime bien les glaces.

Quel parfum préfères-tu? — Je préfère les glaces à la fraise.

Qu'est-ce que tu aimes boire? — J'aime boire du coca.

Et avec ton petit déjeuner? — Je bois du thé.

Tu aimes le vin? — Je déteste le vin.

In the Restaurant

l'addition (f) – bill
la bouteille – bottle
le garçon – waiter
le menu (à 90 francs, etc.) – (90-franc) menu

le patron – the boss
le restaurant – restaurant
le plat – dish
le plat du jour – dish of the day/today's menu
le pourboire – tip

le service non compris – service not included
les toilettes (fpl) – toilets
le/la végétarien (-ienne) – vegetarian

Adjectives and phrases

bon marché – cheap
bruyant – noisy
célèbre – famous
bien cuit – well-done (steak)

délicieux (-ieuse) – delicious
frais (fraîche) – cool, fresh
à point – medium (steak)
principal – main

saignant – rare (steak)
sensass – sensational
Bon appétit! – Enjoy your meal!

Verbs

boire – to drink
changer – to change
commander – to order

disputer – to argue
manger – to eat
préférer – to prefer

recommander – to recommend
servir – to serve
se tromper – to make a mistake

la boucherie   le boulangerie   l'épicerie

Shops

l'agence de voyages (f) – travel agent's
l'alimentation (f) – grocer's
le boucher/la bouchère – butcher
la boucherie – butcher's
la boulangerie – baker's
le boulanger/la boulangère – baker
la boutique – shop

le bureau de poste – post office
le bureau de tabac – tobacconist's
la charcuterie – pork butcher's
la confiserie – cake shop
la crêperie – pancake shop
l'épicerie (f) – grocer's
l'épicier (m)/l'épicière (f) – grocer
la librairie – bookshop

le marchand de fruits et de légumes – greengrocer
la papeterie – stationer's
la parfumerie – perfume shop
la pâtisserie – cake shop
la pharmacie – chemist's
le pharmacien – chemist
la poissonnerie – fishmonger's

Shopping

l'achat (m) – purchase
Avec ça? – Anything else?
C'est combien? – How much is it?
C'est tout – That's all
le client – customer
l'étage (m) – floor, storey
faire les commissions/courses – to do the shopping
fermé – closed
le grand magasin – department store

gratuit – free
l'hypermarché (m) – hypermarket, superstore
le magasin – shop
le marché – market
le morceau – piece
ouvert – open
le panier – basket
le parfum – perfume
pas très cher – not very expensive
pas trop cher – not too expensive

le prix – price
la promotion – special offer
le rayon – shop department
le sac – bag
les soldes (fpl) – sales
au sous-sol – on the ground floor
le supermarché – supermarket
la taille – size
la tranche – slice

la boîte aux lettres

la facteuse

At the post office

la boîte aux lettres – post box
la carte postale – postcard
le courrier – mail

le facteur – postman
le paquet – packet, parcel

le timbre (d'un franc) – (one-franc) stamp

At the bank

l'argent (*m*) – money
la banque – bank
le billet de *x* francs – *x*-franc note
le bureau de change – exchange office

la caisse – cashpoint, till
la carte bancaire – banker's card
le chèque de voyage – traveller's cheque
la commission – commission

la livre sterling – pound sterling
la monnaie – change/currency
la pièce – coin
la pièce d'identité – ID

Bank verbs

changer – to change
accepter – to accept

remplir une fiche – to fill in a form

signer – to sign

Conversation: Grades G–D

AQA A AQA B
EDEXCEL
OCR
WJEC
NICCEA

Tu aimes faire du shopping?

Tu aimes faire les commissions?

Je l'aime bien si j'ai de l'argent.

Je n'aime pas aller aux magasins mais j'aime aller au supermarché.

PROGRESS CHECK

Give the French for the following:

1	lunch	10	bill
2	onion	11	fishmonger's
3	apple	12	credit card
4	lamb	13	Where is the baker's?
5	knife	14	I prefer lamb.
6	ice cream	15	I do not like seafood.
7	seafood	16	I would like to change some traveller's cheques.
8	butter	17	Please fill in the form.
9	beer		

1 le déjeuner 2 l'oignon (m) 3 la pomme 4 l'agneau (m) 5 le couteau 6 la glace 7 les fruits de mer (mpl) 8 le beurre 9 la bière 10 l'addition (f) 11 la poissonnerie 12 la carte de crédit 13 Où est la boulangerie? 14 Je préfère l'agneau. 15 Je n'aime pas les fruits de mer. 16 Je voudrais changer des chèques de voyage. 17 Voulez-vous remplir cette fiche?

4.2 Grammar

After studying this section, you should know about:

● *the imperfect tense*
● *demonstrative adjectives*
● *possessive adjectives*

L'imparfait (The imperfect tense)

 KEY POINT

You use the imperfect when you are saying what you were doing or what you used to do.

The imperfect endings are: -ais, -ais, -ait, -ait, -ions, -iez, -aient, -aient.

To find the stem, use the *nous* part of the present tense without the *-ons*.
nous finissons = we finish
The stem is *finiss-*
je finissais = I was finishing

finir	donner
je finissais (I was finishing)	*je donnais* (I was giving)
tu finissais	*tu donnais*
il finissait	*il donnait*
elle finissait	*elle donnait*
nous finissions	*nous donnions*
vous finissiez	*vous donniez*
ils finissaient	*ils donnaient*
elles finissaient	*elles donnaient*

The only exception is *être*.

être	
j'étais (I was)	*nous étions*
tu étais	*vous étiez*
il était	*ils étaient*
elle était	*elles étaient*

J'allais voir ma tante le dimanche.   I used to go and see my aunt on Sundays.

Je descendais la rue quand je l'ai vu.   I was walking down the road when I saw him.

 KEY POINT

If you want to pick up some marks in your speaking and writing tests, learn two or three imperfects off by heart and include them in your work,
e.g **il pleuvait (it was raining), je portais mon pull neuf (I was wearing my new sweater).**

PROGRESS CHECK

Complete the blanks.
1 *Je regard........ la télé quand j'ai entendu le bruit.* I was watching TV when I heard the noise.
2 *Il all........ au cinéma avec moi.* He used to go to the cinema with me.

1 regardais 2 allait

Demonstrative adjectives (this, that, these, those)

AQA A   AQA B
EDEXCEL
OCR
WJEC
NICCEA

There are four forms in French.

ce journal   this paper, that paper (masculine singular)
cet ami   this friend, that friend (masculine singular beginning with a vowel)
cette table   this table, that table (feminine singular)
ces élèves   these pupils, those pupils (masculine and feminine plural)

Note that the masculine and feminine plurals are not different as you might have expected.

PROGRESS CHECK

Give the French for the following:
1 this pencil   2 this window
3 these pencils   4 these windows

1 ce crayon 2 cette fenêtre 3 ces crayons 4 ces fenêtres

Possessive adjectives

AQA A   AQA B
EDEXCEL
OCR
WJEC
NICCEA

These correspond to 'my', 'your', etc. in English.

	masculine sing.	feminine sing.	masc./fem. plural
my	**mon** livre	**ma** chaise	**mes** livres
your	**ton** livre	**ta** chaise	**tes** livres
his/her	**son** livre	**sa** chaise	**ses** livres
our	**notre** famille	**notre** famille	**nos** familles
your	**votre** famille	**votre** famille	**vos** familles
their	**leur** famille	**leur** famille	**leurs** familles

KEY POINT   The possessive adjective agrees with the object possessed, not the person who owns it.

PROGRESS CHECK

Give the French for the following:
1 my dog
2 his dog
3 her dog
4 our house
5 their house
6 your garden

1 mon chien 2 son chien 3 son chien 4 notre maison 5 leur maison 6 ton/votre jardin

Sample GCSE questions

Speaking

Role-play 1   TRACK **26**

You are buying food and drink.

1. Ask for ham.
2. Ask for 200 grams.
3. Ask for beer.
4. Ask for a kilo of apples.
5. Find out how much it costs.

You must know the vocabulary for common foods and drink.

Examiner's role and suggested answers

Examiner	*Madame?*
Candidate	*Du jambon, s'il vous plaît.*
Examiner	*Combien, s'il vous plaît?*
Candidate	*Deux cents grammes.*
Examiner	*Avec ça?*
Candidate	*Une bouteille de bière, s'il vous plaît.*
Examiner	*Voilà.*
Candidate	*Et un kilo de pommes, s'il vous plaît.*
Examiner	*C'est tout?*
Candidate	*Oui, c'est combien?*
Examiner	*Cinquante francs, madame.*

Notice that in shopping situations you might have to ask how much something costs.

Role-play 2   TRACK **27**

You enter a restaurant.
1. Ask for a table for four.
2. Ask for the 500-franc menu.
3. Ask for steak and chips.
4. Ask for wine.
5. Ask for the bill.

Examiner's role and suggested answers

Examiner	*Bonsoir, Messieurs.*
Candidate	*Une table pour quatre, s'il vous plaît.*
Examiner	*Voilà.*
Candidate	*Le menu à cinquante francs, s'il vous plaît.*
Examiner	*Voilà. Qu'est-ce que vous voulez?*

Sample GCSE questions

Candidate	*Le steak et des frites, s'il vous plaît.*
Examiner	*Tout de suite. Et avec ça?*
Candidate	. *Du vin, s'il vous plaît.*
Examiner	*Vous avez fini?*
Candidate	*Oui, l'addition, s'il vous plaît.*

Notice that 'C'est combien?' would get full marks, too.

Role-play 3

You are at the post office.

1. Ask for a stamp.
2. Say it is for England.
3. Say it is for a postcard.
4. Find out where the letter box is.
5. Find out how much you should pay.

Examiner's role and suggested answers

Candidate	*Un timbre, s'il vous plaît.*
Examiner	*Pour l'Allemagne?*
Candidate	*Non, pour l'Angleterre, s'il vous plaît.*
Examiner	*Pour une lettre?*
Candidate	*Non, pour une carte postale.*
Examiner	*Voilà.*
Candidate	*Où est la boîte aux lettres, s'il vous plaît?*
Examiner	*En face.*
Candidate	*C'est combien?*
Examiner	*Trois francs, s'il vous plaît.*

Role-play 4

You are talking to your French friend. He/She is interested in the region where you live.

1. Ask him/her what he/she thinks of England.
2. Tell him/her that your father is Welsh and your mother is Scottish.
3. Say where you live and how long you have lived there.
4. Answer the question.
5. Say the things you like about where you live.

Can you guess what question 4 is going to be? The clues are in the introduction and in question 3.

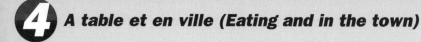
Sample GCSE questions

Examiner's role and suggested answers

Candidate	*Quelle est ton opinion de l'Angleterre?*
Examiner	*Je l'aime bien. Tes parents sont d'où?*
Candidate	*Mon père est gallois et ma mère est écossaise.*
Examiner	*Où habites-tu?*
Candidate	*J'habite à Birmingham. J'habite à Birmingham depuis cinq ans.*
Examiner	*Comment est ta région?*
Candidate	*C'est une ville industrielle mais les gens sont sympathique.*
Examiner	*Tu aimes ta région?*
Candidate	*Oui, parce qu'il y a toujours beaucoup à faire.*

> 'Comment est ...' means 'What is it like?'

Role-play 5

You are in France and go into a restaurant with your penfriend. You speak first.

1. Saluez le garçon/la serveuse.

2. Dites où vous voulez vous asseoir.

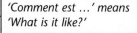

3. Dites ce que vous voulez manger.

4. Dites ce que vous voulez boire.

5. Finissez poliment la conversation.

> You have a choice of answers in all five tasks.

AQA 1999

Sample GCSE questions

Examiner's role and suggested answers

Candidate   *Bonsoir, monsieur.*

Examiner   *Bonsoir, monsieur.*

Candidate   *Avez-vous une table près de la fenêtre?*

Examiner   *Là-bas, monsieur.*

Candidate   *Pour commencer je voudrais de la soupe. Comme plat principal je voudrais du poulet rôti avec frites. Comme dessert je voudrais du fromage, s'il vous plaît.*

> You should be ready to order all the dishes for a meal in your speaking exam.

Examiner   *Et comme boisson?*

Candidate   *Je voudrais un verre de limonade, s'il vous plaît.*

Examiner   *Très bien.*

Candidate   *Merci bien.*

Writing

C'est décembre; la fête de Noël s'approche. Vous écrivez à votre correspondant(e).

Ecrivez une lettre d'environ 100 mots (minimum 90 mots) en français pour donner les détails suivants:

- ce que vous mangez le jour de Noël;
- ce que vous aimez le plus à Noël;
- où vous allez passer la fête de Noël cette année;
- deux cadeaux que vous avez achetés;

et posez une question sur la fête de Noël en France.

OCR 2000

Model answer

Ipswich, le 20 décembre

Chère Marie,

La fête de Noël s'approche. Je vais décrire[1] ce qu'on fait. Le jour de Noël on mange du bœuf et des pommes de terre rôtis. Et beaucoup de chocolat et des bonbons. Et on boit beaucoup de vin. Ce que j'aime le plus[2], c'est que je vois tous mes amis et on sort ensemble. Cette année on va passer[1] Noël chez ma grand-mère parce qu'elle est malade. J'ai acheté[3] un hi-fi pour mon père et du parfum pour ma mère. Qu'est-ce qu'on mange le jour de Noël en France?

Joyeux Noël

Trevor

> Note that the word-count requirement has been met.
>
> Note that all the tasks set have been answered.
>
> 1 Immediate future.
> 2 An opinion.
> 3 Perfect tense.

Exam practice questions

Listening

1 TRACK 31

Qu'est-ce que les clients mangent? Et qu'est-ce qu'ils boivent? Cochez les cases correctes pour chaque client.

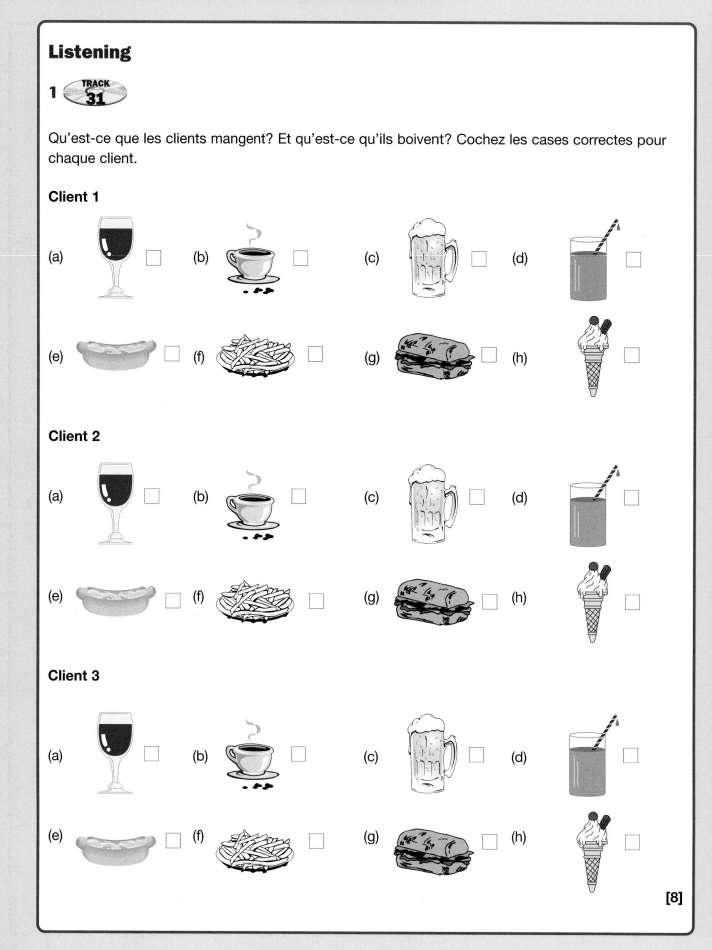

Client 1

(a) ☐   (b) ☐   (c) ☐   (d) ☐

(e) ☐   (f) ☐   (g) ☐   (h) ☐

Client 2

(a) ☐   (b) ☐   (c) ☐   (d) ☐

(e) ☐   (f) ☐   (g) ☐   (h) ☐

Client 3

(a) ☐   (b) ☐   (c) ☐   (d) ☐

(e) ☐   (f) ☐   (g) ☐   (h) ☐

[8]

Exam practice questions

2 TRACK **32**

Ecoutez ces publicités dans un supermarché. Il y a une promotion dans quelle section? Cochez la bonne case.

Première publicité		Deuxième publicité		Troisième publicité	
(a) Charcuterie	☐	(a) Vêtements hommes	☐	(a) Charcuterie	☐
(b) Poissonnerie	☐	(b) Vêtements femmes	☐	(b) Poissonnerie	☐
(c) Fruits et légumes	☐	(c) Parfumerie	☐	(c) Fruits et légumes	☐
(d) Pharmacie	☐	(d) Fruits et légumes	☐	(d) Pharmacie	☐

[3]

3 TRACK **33**

Vous écoutez une annonce à la radio. Notez les détails sur la grille.

nom du restaurant	Restaurant Gilbert
situation du restaurant	1
nationalité	2
prix du menu du jour	3
il faut payer la boisson?	4
service compris?	5
plat du jour	6
jour fermé	7

[7]

Reading

1 Lisez ces extraits.

PIERRE	Moi, j'aime tous les fruits, mais je préfère les bananes.
ANNE	**Pour mon anniversaire maman m'a acheté un gâteau délicieux.**
JEAN-CLAUDE	**Je mange beaucoup de champignons. Je les adore.**
MARIE	Pour le pique-nique nous avons préparé beaucoup de sandwiches au jambon.
SILVAIN	J'adore la confiture.
BERNADETTE	**Je mange le fromage à tous les repas.**
CÉLINE	**J'aime manger les oeufs.**

Qui aime . . . ?
Choisissez la personne qui correspond. Ecrivez le nom. Vous pouvez utiliser un nom deux fois.

Exam practice questions

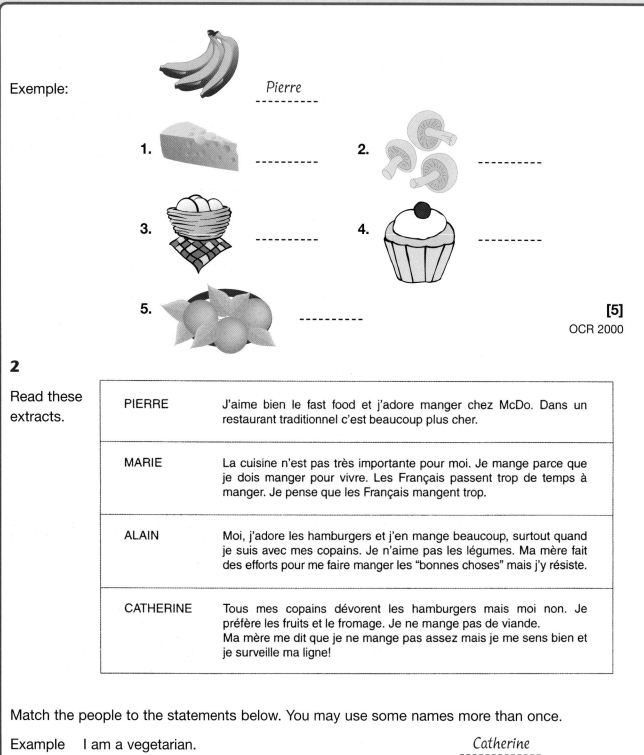

Exemple:

         Pierre
         ----

1. ----------   2. ----------

3. ----------   4. ----------

5. ----------

                 [5]

OCR 2000

2

Read these extracts.

PIERRE	J'aime bien le fast food et j'adore manger chez McDo. Dans un restaurant traditionnel c'est beaucoup plus cher.
MARIE	La cuisine n'est pas très importante pour moi. Je mange parce que je dois manger pour vivre. Les Français passent trop de temps à manger. Je pense que les Français mangent trop.
ALAIN	Moi, j'adore les hamburgers et j'en mange beaucoup, surtout quand je suis avec mes copains. Je n'aime pas les légumes. Ma mère fait des efforts pour me faire manger les "bonnes choses" mais j'y résiste.
CATHERINE	Tous mes copains dévorent les hamburgers mais moi non. Je préfère les fruits et le fromage. Je ne mange pas de viande. Ma mère me dit que je ne mange pas assez mais je me sens bien et je surveille ma ligne!

Match the people to the statements below. You may use some names more than once.

Example   I am a vegetarian.   *Catherine*
                                      ----

1. French people eat too much.   ------------
2. I don't take much interest in food.   ------------
3. I don't want to get fat.   ------------
4. I don't like eating what people say is good for me.   ------------
5. I prefer to go out to a place where I can eat quite cheaply.   ------------   **[5]**

OCR 1999

Exam practice questions

3

Lisez la publicité pour Les Restos de Poitiers.

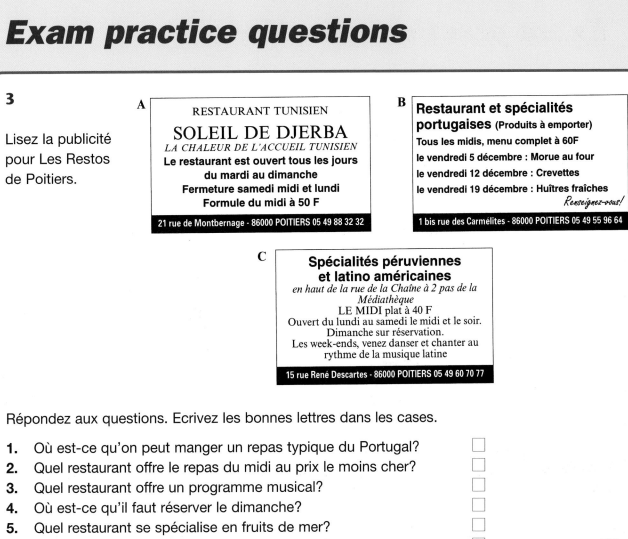

Répondez aux questions. Ecrivez les bonnes lettres dans les cases.

1. Où est-ce qu'on peut manger un repas typique du Portugal? ☐
2. Quel restaurant offre le repas du midi au prix le moins cher? ☐
3. Quel restaurant offre un programme musical? ☐
4. Où est-ce qu'il faut réserver le dimanche? ☐
5. Quel restaurant se spécialise en fruits de mer? ☐
6. Où est-ce qu'on **ne** peut **pas** manger le lundi? ☐ **[6]**

CCEA 1999

4

Lisez la publicité pour ces hôtels.

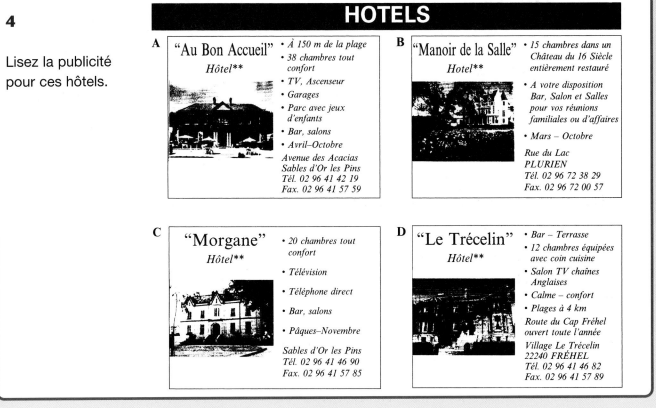

Exam practice questions

Ecrivez la lettre de l'hôtel . . .

1. pour quelqu'un qui s'intéresse à l'histoire ☐
2. où on peut regarder les actualités britanniques ☐
3. qui se trouve tout près de la mer ☐
4. où on peut préparer ses propres repas ☐
5. qui **ne** ferme **pas** en hiver ☐

[5]
CCEA 1999

5 Lisez cet article.

Pour voyages sans risque ... dans les pays à risques

Voici les "conseils élémentaires" de Visa international pour limiter les risques dans les pays ... à risques.

Avant de partir, informez votre famille, vos amis et vos voisins sur l'adresse de l'hôtel où vous allez loger.

En choisissant le pays, interrogez des personnes qui y vivent ou qui s'y sont déjà rendues. Renseignez-vous là-dessus en lisant des guides touristiques.

Circulez en voiture, les vitres relevées. Ne les abaissez pas pour parler à un piéton.

Pour vous déplacer, préparez votre itinéraire avant de sortir – une personne au coin d'une rue qui consulte un plan constitue une cible idéale pour les agresseurs.

Munissez-vous des étuis qui se fixent hors de vue en travers de l'estomac.

En cas d'agression, la lâcheté est la meilleure des protections. Ayez toujours sur vous un portefeuille contenant environ 50 dollars en devises locales et tendez-le à vos agresseurs.

What are you advised to do . . .

Example: before you leave?   *Give the address of the hotel where you are staying to family, friends and neighbours.*

1. when deciding on your destination?
2. when travelling in a car?
3. if you are attacked?
4. to prevent being attacked?

[4]
Edexcel 2000

5 Le travail et l'avenir
(Work and future plans)

The following topics are included in this chapter.

- ● **Work and future plans**
- ● **Grammar**

5.1 Work and future plans

After studying this section and the following exercises, you should be able to:

LEARNING SUMMARY

- ● **talk about your work experiences and your future plans**
- ● **cope with role-plays about work**
- ● **write a letter applying for a job**
- ● **understand information about work-related situations in a French-speaking country**

Le travail (Work)

AQA A AQA B
EDEXCEL
OCR
WJEC
NICCEA

You are likely to be asked about your future plans in the conversation test, and you must be able to use verbs in the future tense (which is dealt with in this chapter). Your role-play may have an imaginary work experience as a setting. You might like to talk about your work experience for your presentation. In the writing exam, it is very common to be asked to write a letter of application for a job. You might like to offer such a letter for coursework. In the listening and reading tests, you may be tested on your knowledge of the words for all the different jobs.

The world of work

l'annonce (f) – advertisement

le bac (= Baccalauréat) – A-Levels

le boulot – job

le bureau – office

la carrière – career

la compagnie – company

l'emploi (m) – job

l'employé (m)/l'employée (f) – employee

l'employeur (m) – employer

la formation – training

l'interview (m) – interview

la licence – degree (university)

le métier – job

le patron – boss

le/la propriétaire – owner

le salaire – salary

le stage – course

le tourisme – tourism

le travail – work

l'université (f) – university

l'usine (f) – factory

le dentiste

l'informaticien

la caissière

le médecin

Jobs

l'agent de police (*m*) – policeman	le fermier/la fermière – farmer	le mécanicien/la mécanicienne – mechanic
l'agriculteur (*m*) – farmer	le gendarme – policeman	le médecin – doctor
l'avocat (*m*) – lawyer	l'homme d'affaires (*m*) – businessman	la ménagère – housewife
le caissier/la caissière – cashier	l'hôtesse de l'air (*f*) – air hostess	l'ouvrier (*m*) – worker
le chauffeur – driver	l'infirmier (*m*)/l'infirmière (*f*) – nurse	le paysan – peasant
le chauffeur de taxi – taxi driver	l'informaticien (*m*)/	le pilote – pilot, racing driver
le chef – boss	l'informaticienne (*f*) – computer operator	le plombier – plumber
le chirurgien – surgeon	l'ingénieur (*m*) – engineer	le pompier – fireman
le coiffeur/la coiffeuse – hairdresser	le/la journaliste – journalist	le soldat – soldier
le commerçant – trader	le maire – mayor	le technicien – technician
le comptable – accountant	le marchand – shopkeeper	le vendeur/la vendeuse – salesperson
le/la dentiste – dentist	le marin – sailor	
le docteur – doctor		
l'écrivain (*m*) – writer		

Verbs and phrases

s'adresser à – to apply to	employer – to employ, to use	répondre – to answer
bâtir – to build	faire un stage – to go on a course	téléphoner – to phone
bien payé – well paid	mal payé – badly paid	tomber malade – to fall ill
conduire – to drive	quitter – to leave	travailler – to work

Conversation: Grades G–D

AQA A   AQA B
EDEXCEL
OCR
WJEC
NICCEA

Qu'est-ce que tu vas faire l'année prochaine?

Je vais continuer avec mes études. Je vais étudier l'anglais, l'allemand et bien sûr le français.

This immediate future will earn you marks.

Et après ton bac, qu'est-ce que tu vas faire?
Et après l'université?

Je veux aller à l'université pour étudier les langues. Je vais être musicien. Je veux gagner beaucoup d'argent et devenir fameux.

Note you do not use the article with *musicien*.

Conversation: Grades C–A*

AQA A   AQA B
EDEXCEL
OCR
WJEC
NICCEA

Qu'est-ce que tu as fait comme travail?

Pendant mon stage, j'ai travaillé[1] dans un bureau.

A good range of tenses here.

Qu'est-ce que tu as fait exactement?

Je téléphonais[2] aux gens et j'écrivais[2] des lettres.

1 Perfect tense
2 Imperfect tense
3 Future tense

Le travail te plaisait?

Oui, mais je ne veux pas faire cette sorte de travail à l'avenir.

Qu'est-ce que tu veux faire dans la vie?

Je veux aller à l'université pour étudier la medicine. Après je voyagerai[3] partout le monde puis travaillerai[3] à Londres. Je veux être médecin.

PROGRESS CHECK

Give the French for the following:
1 I want to be a doctor.
2 I do not want to work in an office.
3 I worked for a week in a hotel.
4 The work was interesting.

1 Je veux être médecin. 2 Je ne veux pas travailler dans un bureau. 3 J'ai travaillé pendant une semaine dans un hôtel. 4 Le travail était intéressant.

5.2 Grammar

LEARNING SUMMARY

After studying this section, you should know about:
- **the future tense**

Le futur (The future tense)

AQA A   AQA B
EDEXCEL
OCR
WJEC
NICCEA

Regular futures

KEY POINT   The future endings are added to the whole of the infinitive.

The endings are: *-ai, -as, -a, -a, -ons, -ez, -ont, -ont.*

● -er verbs	
donner	
je donnerai (I will give)	*nous donnerons*
tu donneras	*vous donnerez*
il donnera	*ils donneront*
elle donnera	*elles donneront*

● -ir verbs	
finir	
je finirai (I will finish)	*nous finirons*
tu finiras	*vous finirez*
il finira	*ils finiront*
elle finira	*elles finiront*

KEY POINT   With -re verbs, leave the final -e off the infinitive.

● -re verbs	
vendre	
je vendrai (I will sell)	*nous vendrons*
tu vendras	*vous vendrez*
il vendra	*ils vendront*
elle vendra	*elles vendront*

Irregular futures

aller	*j'irai*	I will go
avoir	*j'aurai*	I will have
devoir	*je devrai*	I will have to
envoyer	*j'enverrai*	I will send
être	*je serai*	I will be
faire	*je ferai*	I will do/make
pouvoir	*je pourrai*	I will be able
recevoir	*je recevrai*	I will receive
savoir	*je saurai*	I will know
venir	*je viendrai*	I will come
voir	*je verrai*	I will see
vouloir	*je voudrai*	I will want

PROGRESS CHECK

Give the French for the following:

1　On Saturday I will play football and I will watch TV.
2　I will be with my friends and we will do a lot of things together.
3　This evening I will finish my homework.
4　Then I will go out.
5　I will see my friends.
6　I will be a doctor.

1 Samedi je jouerai au football et je regarderai la télé. 2 Je serai avec mes amis et nous ferons beaucoup de choses ensemble. 3 Ce soir je finirai mes devoirs. 4 Ensuite je sortirai. 5 Je verrai mes amis. 6 Je serai médecin.

Sample GCSE questions

Speaking

Role-play 1 TRACK 34

Your French friend is asking you about work.

1. Say you worked in a shop last summer.
2. Say that you worked for four weeks.
3. Say that the work was tiring.
4. Answer a question.
5. Say that you will work there next summer.

> This role-play is testing three different tenses.

> Can you guess what the unprepared question might be?

Examiner's role and suggested answers

Examiner	Tu as travaillé l'été dernier?
Candidate	J'ai travaillé dans un magasin l'été dernier.
Examiner	Combien de temps?
Candidate	J'ai travaillé pendant quatre semaines.
Examiner	Et le travail?
Candidate	Le travail était fatigant.
Examiner	Qu'est-ce que tu as acheté avec l'argent?
Candidate	J'ai acheté des vêtements et des CDs.
Examiner	Et l'été prochain?
Candidate	Je travaillerai encore là l'été prochain.

Sample GCSE questions

Role-play 2  TRACK **35**

You are talking to your French friend about working to earn money.

> *This is a common topic for role-plays.*

1. Say that you wash the car at the weekend.
2. Say that you do the washing-up.
3. Say that you do the ironing.
4. Answer a question.
5. Ask your friend how much pocket money he/she receives.

> *You must learn the vocabulary for household tasks.*

Examiner's role and suggested answers

Examiner	*Qu'est-ce que tu fais pour gagner ton argent de poche?*
Candidate	*Je lave la voiture le week-end.*
Examiner	*C'est tout?*
Candidate	*Je fais la vaisselle.*
Examiner	*Autre chose?*
Candidate	*Je repasse les vêtements.*
Examiner	*Qu'est-ce que tu as fait de l'argent?*
Candidate	*Je l'ai mis à la banque.*
Examiner	*C'est bien.* *Combien d'argent de poche tu reçois?*
Candidate	*Cent francs par semaine.*

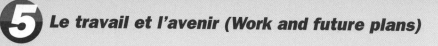

Sample GCSE questions

Writing

Vous cherchez un travail en France pour les grandes vacances.

Ecrivez une lettre d'environ 150 mots (minimum 135 mots) en français pour poser votre candidature. Expliquez les dates où vous serez disponible, quelle sorte de travail vous avez déjà faite, les qualités vous possédez et pourquoi vous y attachez de l'importance.

OCR 1999

> *This task is extremely common and is regularly set by all the exam boards.*

Model answer

Londres, le 3 mars

Monsieur,
J'ai vu votre annonce dans le journal et je voudrais poser ma candidature.

> *Une annonce is an advert.*

Je serai disponible du 4 août au 30 août. Vous cherchez des gens pour travailler dans un restaurant. Moi, j'ai déjà fait cette sorte de travail.

> *Disponible means available.*

L'été dernier j'ai travaillé dans un restaurant près de chez moi. J'ai travaillé comme garçon et j'ai gagné beaucoup d'argent. J'ai reçu beaucoup de pourboires.

> *Pourboires are tips.*

J'ai servi les tables et j'ai fait aussi la vaisselle. Je n'ai pas fait la cuisine.
Je suis plein d'énergie et c'est important parce que le travail dans un restaurant est fatigant. Je suis honnête et c'est important parce qu'il est facile de voler de l'argent dans un restaurant.

> *Voler means to steal.*

J'aime rencontrer les gens et c'est important parce que les clients ne veulent pas un garçon triste. Ils veulent un garçon qui les fait rire.
Je vous prie d'agréer, Monsieur, l'expression de mes sentiments distingués.

> *If you write a formal letter, you must use a sentence like this to finish off. It is difficult to learn. Take your time and try writing it out a few times from memory.*

Tom Powell

> *Note that all the tasks have been dealt with.*

Exam practice questions

Listening

1

Ecoutez les deux interviews. Complétez la grille en français.

	Interview 1	**Interview 2**
Nom	1	5 ....
Prénom	Sophie	Paul
Age	2	6 ....
Matière préférée	3	7 ....
Emploi idéal	4	8	**[8]**

2

Vous voulez travailler en France et vous entendez cette annonce à la radio. Notez les détails en français.

1. le type de travail ....
2. il faut ne pas avoir ....
3. il faut savoir ....
4. la date du commencement ....
5. la date de la fin ....
6. heures par semaine ....
7. prix du logement ....
8. paie (par semaine) .... **[8]**

3

Quatre jeunes parlent de leurs vacances. Cochez les bonnes cases.

	pas de vacances	**une semaine**	**deux semaines**	**un mois**	**deux mois**
Sylvie					
Marc					
Luc					
Isabelle					

[4]

Exam practice questions

4 TRACK **39**

Vous travaillez dans le bureau d'une grande entreprise. Le téléphone sonne. Quel est le message? Cochez les bonnes cases.

1. Qui téléphone?

    (a) Madame Ferrier ☐
    (b) Monsieur Ferrier ☐
    (c) un étranger ☐
    (d) le patron ☐

2. Quel est le problème?

    (a) une panne ☐
    (b) une plainte ☐
    (c) une maladie ☐
    (d) un délai ☐

3. Où travaille Madame Ferrier?

    (a) à l'étranger ☐
    (b) chez un médecin ☐
    (c) elle ne travaille pas ☐
    (d) dans la grande entreprise ☐

4. Madame Ferrier parle avec qui?

    (a) avec le patron ☐
    (b) avec son mari ☐
    (c) avec un étranger ☐
    (d) avec le médecin ☐

5. Où sera Madame Ferrier demain?

    (a) à l'hôpital ☐
    (b) au lit ☐
    (c) au travail ☐
    (d) à l'étranger ☐

[5]

Exam practice questions

5 TRACK **40**

Ecoutez Luc et répondez aux questions.

1. Combien de fois Luc est-il arrivé en retard? Cochez la bonne case.

(a) jamais ☐
(b) une fois ☐
(c) deux fois ☐
(d) trois fois ☐

2. Pourquoi Luc est-il parti si tard de chez sa grand-mère? ....

3. Qu'est-ce qu'il a fait pour résoudre le problème de la panne? ....

4. Qu'est-ce qui a causé l'embouteillage? ....

5. Quelle est l'attitude du patron envers Luc? Cochez la bonne case.

(a) il le trouve amusant ☐
(b) il est patient ☐
(c) il le taquine ☐
(d) il est impatient ☐ **[5]**

6 TRACK **41**

Une jeune Française parle de l'avenir. Ecoutez et répondez en français.

1. Quelle est l'ambition de la jeune fille? ....

2. Qu'est-ce qui a changé la vie de la jeune fille? ....

3. Comment sait-on de la routine de la jeune fille qu'elle adore les chevaux?

....

4. Qu'est-ce qui est arrivé l'année dernière? ....

5. Quelle est l'attitude de la sœur? Cochez la bonne case.

(a) Elle n'aime pas les chevaux. ☐
(b) Elle aime les chevaux. ☐
(c) Elle n'aime pas sortir avec les garçons. ☐
(d) Elle pense que sa sœur devrait changer d'intérêts. ☐ **[5]**

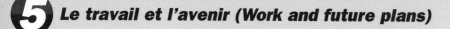

Exam practice questions

Reading

1 You are going to do work experience in France. You are given these details.

- Jours de travail: lundi à samedi (jours de congé: mercredi et dimanche).
- Heures de travail: 9h jusqu'à 19h avec deux heures pour déjeuner (la cantine se trouve au 1er étage).
- Pour aller au bureau: prenez l'autobus 12 ou 141 et descendez à l'arrêt en face de la bibliothèque.
- Vêtements: de préférence, confortables.
- Il est défendu de fumer dans le bureau.
- Si vous êtes malade, il faut téléphoner avant 8h30.

1.	Which are your two days off?
2.	How long do you have for lunch?
3.	Where is the canteen?
4.	Where will you get off the bus?
5.	What sort of clothes should you wear?
6.	What are you not allowed to do in the office?
7.	Why might you need to ring before half past eight?

[7]

Edexcel 1999

2 Lisez le texte.

Lundi 22.25 TF1

Poids lourds : trois femmes sur le grand ruban

Cyriane, Josette et Marie sont trois femmes chauffeurs routiers dans le transport international de marchandises. Elles sont actuellement 150 au volant de leurs poids lourds sur les routes du monde contre 158.000 routiers hommes français et international. A vingt-sept ans, Cyriane, mère célibataire d'une petite fille de sept mois, rallie en sept jours Paris à Moscou et parcourt ainsi 3.000 kilomètres! Si Cyriane est la plus jeune et la plus petite avec son 1,60 m,

elle est aussi sans conteste l'une des plus courageuses sur ce parcours dangereux qui rebute encore pas mal d'hommes. Heureusement, l'utilisation de la CB améliore les conditions de route et la solidarité est toujours présente sur ce type de parcours. Josette est le premier chauffeur femme à avoir rallié le Moyen-Orient. Aujourd'hui, à cinquante ans, cette grand-mère de deux petits-enfants circule désormais en Europe pour profiter de sa famille. Un continent

que sillonne aussi Marie, quarante-deux ans, mère d'une fille de quinze ans et d'un fils de onze ans qui vivent avec leur père en France. Marie a refait sa vie avec un routier en Belgique. Et si son métier l'a empêchée d'obtenir la garde de ses enfants lors de son divorce, elle s'aménage le plus souvent possible des petits détours pour embrasser sa progéniture.

A.M.

Exam practice questions

Répondez aux questions en français.

Exemple: Un poids-lourd, qu'est-ce que c'est?   *Un camion.*

1.   Quel est le métier de Cyriane, Josette et Marie?
2.   Il y a combien de femmes en France qui font ce travail?
3.   Qu'est-ce qui aide Cyriane dans son travail?
4.   Pourquoi Marie n'a-t-elle pas obtenu la garde de ses enfants après son divorce?   **[4]**

AQA 1999

3 Lisez le texte.

Charlotte Valandrey: tournage, chant et peinture!

Pendant le tournage de ce téléfilm en Allemagne, Charlotte Valandrey a pris la grande décision d'arrêter de fumer. Car depuis qu'elle a présenté « Flashback » sur M6, la comédienne a envie de se lancer dans la chanson et d'enregistrer un album. Chaque semaine donc, depuis deux ans, elle prend des cours de chant avec un professeur italien. Mais cela ne l'empêche pas de continuer à tourner. Entre deux épisodes de la série « Les Cordier, juge et flic » où elle incarne Myriam Cordier, la fille du flic, la soeur du juge, Charlotte alterne les rôles pour le cinéma et la télévision. On a pu la voir récemment dans « Orlando » de Sally Potter, et dans « En compagnie d'Antonin Artaud » avec Samy Frey. Et elle rêve de se retrouver sur les planches au théâtre. Pour mieux patienter, Charlotte Valandrey se défoule sur des toiles, avec des tubes de peinture. L'actrice a déjà peint une quinzaine de tableaux abstraits, mais estime avoir besoin de travailler la technique. Aussi s'est-elle aussi inscrite à des cours de dessin!

Répondez en français aux questions.

Exemple: Où a-t-on tourné le téléfilm?   *En Allemagne.*

1.   Qu'est-ce que Charlotte a décidé de faire pendant son travail en Allemagne?
2.   Pourquoi prend-elle des cours de chant?
3.   «Les Cordier, juge et flic», qu'est-ce que c'est?
4.   Quel est le passetemps préféré de Charlotte?
5.   Quel est le métier de Charlotte?   **[5]**

AQA 2000

Writing

1 Vous avez fait un petit boulot pendant les vacances. Ecrivez une lettre à un(e) ami(e) français(e) en phrases complètes. Dites:

- où vous avez travaillé;
- ce que vous pensez de ce travail;
- ce que vous ferez l'année prochaine.

- ce que vous avez fait;
- quelles étaient les conditions de travail;

WJEC 1999

incidents
(Health and incidents)

The following topics are included in this chapter.

- **Health, accidents and incidents**
- **Grammar**

6.1 Health, accidents and incidents

After studying this section and the following exercises, you should be able to:

LEARNING SUMMARY

- **describe your (or somebody else's) state of health**
- **say how an accident happened and what happened next**
- **describe incidents such as thefts**
- **deal with a variety of role-plays about health problems or booking appointments**
- **understand information about health issues in a French-speaking country**

La santé (Health)

AQA A AQA B
EDEXCEL
OCR
WJEC
NICCEA

This topic is frequently examined in role-play. You may be required to role-play a visit to the doctor. You may have to talk about or write about witnessing an accident and calling the ambulance. You may be asked to talk or write about an incident such as a theft.

les cheveux

les yeux

l'oreille

le nez

la joue

la bouche

le cou

The body

la bouche – mouth	**la figure** – face	**l'oreille (f)** – ear
le bras – arm	**le genou** – knee	**l'os (m)** – bone
les cheveux (mpl) – hair	**la gorge** – throat	**la peau** – skin
le cœur – heart	**la jambe** – leg	**le pied** – foot
le cou – neck	**la joue** – cheek	**le sang** – blood
la coude – elbow	**la langue** – tongue	**la tête** – head
la dent – tooth	**la lèvre** – lip	**le ventre** – stomach
le doigt – finger	**la main** – hand	**le visage** – face
le dos – back	**le menton** – chin	**la voix** – voice
l'épaule (f) – shoulder	**le nez** – nose	**les yeux (mpl)** – eyes
l'estomac (m) – stomach	**l'œil (m)** – eye	

l'ambulance

Health

l'ambulance (f) – ambulance	**la grippe** – flu	**la piqûre** – sting
de l'aspirine (f) – aspirin	**malade** – sick	**la rhume** – cold
le comprimé – tablet	**la maladie** – illness	**la santé** – health
le coup de soleil – sunstroke	**la médecine/le médicament** – medicine	**le sparadrap** – plaster
la douleur – pain	**l'ordonnance (f)** – prescription	
enrhumé – having a cold	**la pilule** – pill	
la fièvre – fever, temperature		

Verbs and phrases

avoir mal à l'estomac – to have stomach-ache	**avoir mal à la tête** – to have a headache	**se faire mal** – to hurt oneself
avoir mal à l'oreille – to have earache	**le blessé** – injured person	**garder le lit** – to stay in bed
	se blesser – to hurt oneself	**mourir** – to die
avoir mal à la gorge – to have a sore throat	**la blessure** – injury	**piquer** – to sting
	se casser – to break	**se sentir** – to feel
avoir mal de mer – to be seasick	**se couper** – to cut oneself	**vomir** – to vomit

Conversation: C–A*

AQA A **AQA B**
EDEXCEL
OCR
WJEC
NICCEA

Les vacances, ça s'est bien passé?

Qu'est-ce que tu avais?

Tu es allé(e) chez le médecin?

Non, j'étais malade.

J'avais mal à l'estomac.

Oui, il m'a donné une ordonnance.

La santé et les incidents (Health and incidents)

Les accidents et les incidents (Accidents and incidents)

AQA A   AQA B
EDEXCEL
OCR
WJEC
NICCEA

un feu

Accidents/incidents

l'assurance (f) – insurance
au feu! – fire!
le cambriolage – burglary
le cambrioleur – burglar

la collision – collision
crevé – punctured
le danger – danger
l'explosion (f) – explosion

l'incendie (m) – fire
tuer – to kill
voler – to steal
le voleur – thief

Verbs

aider – to help
aller chercher – to fetch
aller mieux – to be better
cambrioler – to burgle

faire de l'autostop – to hitchhike
freiner – to brake
glisser – to slip, to slide, to skid
se noyer – to drown

perdre – to lose
renverser – to knock over

Conversation: C–A*

AQA A   AQA B
EDEXCEL
OCR
WJEC
NICCEA

Tu as vu l'accident?

Il y a eu des blessés?

Oui. Il y a eu une collision entre une voiture et un camion.

Le chauffeur du camion s'est cassé le bras et le chauffeur de la voiture s'est coupé le visage.

 **PROGRESS CHECK**

Give the French for the following:
1 I have a headache.
2 I have a cold.
3 I have toothache.
4 The car braked.
5 The lorry killed a child.
6 I must stay in bed.

1 J'ai mal à la tête. 2 Je suis enrhumé(e). 3 J'ai mal aux dents. 4 La voiture a freiné. 5 Le camion a tué un enfant. 6 Je dois garder le lit.

6.2 Grammar

LEARNING SUMMARY

After studying this section, you should know about:

● *the conditional*
● *direct object pronouns*

Le conditionnel (The conditional)

AQA A   AQA B
EDEXCEL
OCR
WJEC
NICCEA

Regular conditionals

KEY POINT
These are the same endings as the imperfect tense. With the conditional, you add the endings to the infinitive. With the imperfect you add them to the stem.

The endings are: *-ais, -ais, -ait, -ait, -ions, -iez, -aient, -aient.*

● ***-er* verbs**

The endings are added to the whole of the infinitive.

donner

je donnerais (I would give)	*nous donnerions*
tu donnerais	*vous donneriez*
il donnerait	*ils donneraient*
elle donnerait	*elles donneraient*

● ***-ir* verbs**

The endings are added to the whole of the infinitive.

finir

je finirais (I would finish)	*nous finirions*
tu finirais	*vous finiriez*
il finirait	*ils finiraient*
elle finirait	*elles finiraient*

● ***-re* verbs**

Leave off the final *-e* of the infinitive.

vendre

je vendrais (I would sell)	*nous vendrions*
tu vendrais	*vous vendriez*
il vendrait	*ils vendraient*
elle vendrait	*elles vendraient*

Irregular conditionals

KEY POINT
Those verbs that are irregular in the future tense are also irregular in the conditional.

aller	*j'irais*	I would go
avoir	*j'aurais*	I would have
devoir	*je devrais*	I would have to
envoyer	*j'enverrais*	I would send
être	*je serais*	I would be
faire	*je ferais*	I would do/make
pouvoir	*je pourrais*	I would be able
recevoir	*je recevrais*	I would receive
savoir	*je saurais*	I would know
venir	*je viendrais*	I would come
voir	*je verrais*	I would see
vouloir	*je voudrais*	I would want

KEY POINT

You get extra marks if you use conditionals in your speaking test and in your writing test/coursework. The easiest conditional to use is *Je voudrais* (I would like):

Je voudrais aller en France en été.

I would like to go to France in the summer.

Si j'avais de l'argent, j'irais en France.

If I had some money, I would go to France.

PROGRESS CHECK

Give the French for the following:

1 I would like to work in an office.
2 If I had some money, I would live in the USA.

1 Je voudrais travailler dans un bureau. 2 Si j'avais de l'argent, j'habiterais aux États-Unis.

Les pronoms compléments directs (Direct object pronouns)

Look at these examples.

He sees me.	*Il me voit.*	He sees us.	*Il nous voit.*
He sees you (*sing.*).	*Il te voit.*	He sees you (*pl.*).	*Il vous voit.*
He sees him.	*Il le voit.*	He sees them.	*Il les voit.*
He sees her.	*Il la voit.*		

KEY POINT

There are extra marks available if you can use one of these pronouns in your speaking or writing/coursework:

J'ai beaucoup d'amis et je les vois souvent – surtout le week-end.

I have lots of friends and I see them often – especially at the weekend.

Mon professeur de français nous aide quand nous avons des problèmes.

My French teacher helps us when we have problems.

PROGRESS CHECK

Give the French for the following:

Peter and Anne? I see him on Fridays and I see her on Saturdays.

Peter et Anne? Je le vois le vendredi et je la vois le samedi.

Sample GCSE questions

Speaking

Role-play 1 TRACK 42

This is an OCR Higher Tier role-play.

Look at the role-play below. Attempt to tell the story yourself, then listen to the recording as you read through the teacher's role and suggested answers.

The notes and pictures below give an outline of the first day of an exchange visit to France last year, when you, or someone you know, had an accident.

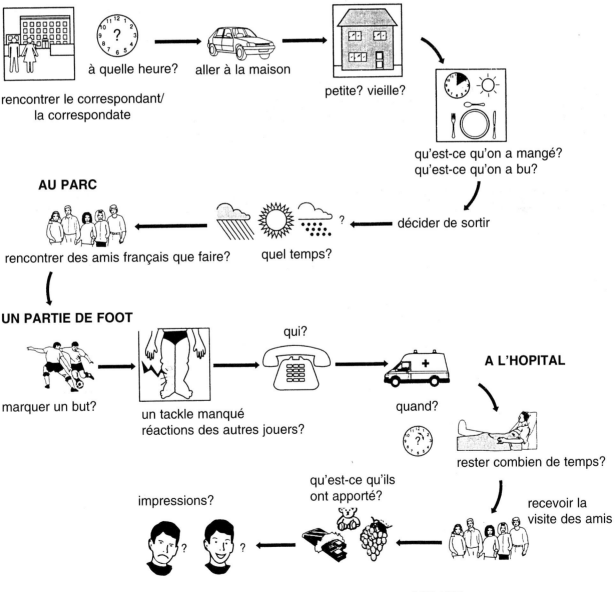

L'ARRIVEE EN FRANCE

à quelle heure?   aller à la maison

rencontrer le correspondant/
la correspondate

A LA MAISON

petite? vieille?

qu'est-ce qu'on a mangé?
qu'est-ce qu'on a bu?

décider de sortir

AU PARC

rencontrer des amis français que faire?   quel temps?

UN PARTIE DE FOOT

marquer un but?

un tackle manqué
réactions des autres jouers?

qui?

quand?

A L'HOPITAL

rester combien de temps?

recevoir la
visite des amis

qu'est-ce qu'ils
ont apporté?

impressions?

OCR 1999

Sample GCSE questions

Examiner's role and suggested answers

> Candidate
> *Je suis arrivé(e) en France à seize heures et mon correspondant m'attendait à la gare. Tout de suite, nous sommes allés chez lui en voiture. Sa maison était[1] petite mais confortable.*

> Examiner
> *Vous aviez faim?*

> Candidate
> *Oui, j'ai mangé un sandwich au jambon et j'ai bu un verre de limonade. Puis nous sommes sortis pour retrouver ses amis. Il faisait[1] beau et le soleil brillait[1]. Nous avons joué au football et je me suis blessé.*

> Examiner
> *Qu'est-ce qui s'est passé?*

> Candidate
> *Je me suis cassé[2] la jambe. Mon correspondant a téléphoné pour une ambulance et elle est arrivée dix minutes plus tard. Je suis resté trois jours à l'hôpital et mes amis sont venus me voir[3].*

> Examiner
> *Ils ont apporté des cadeaux?*

> Candidate
> *Oui, ils ont apporté des fruits et du chocolat. Je pense que ma visite en France a été un désastre et je n'y retournerai pas[4].*

1 These imperfects will get you extra marks.
2 Impressive use of a reflexive verb in the perfect tense.
3 Correct use of a personal pronoun. Extra marks!
4 'I won't go there any more.'

Writing

GCSE survival kit

Many students find writing French extremely difficult. Memorise and use this list of perfect tenses.

j'ai bu	I drank
j'ai mangé	I ate
j'ai acheté	I bought
j'ai décidé de (+ inf)	I decided to
j'ai fait une promenade	I went for a walk
j'ai trouvé	I found
j'ai rencontré	I met
j'ai perdu	I lost
j'ai vu	I saw
j'ai voyagé	I travelled
je suis allé(e)	I went
je suis arrivé(e)	I arrived
je suis revenu(e)	I returned
je suis tombé(e)	I fell

Sample GCSE questions

Try and introduce an imperfect tense into your work.

Il faisait beau.	It was nice weather.
Il pleuvait.	It was raining.
Il pleuvait à verse et on a été trempés jusqu'aux os.	It was pouring and we were soaked to the skin.
Je portais mon pull neuf.	I was wearing my new jersey.

If you find that difficult, just mention the weather and what you were wearing.

Build up a collection of mark-winning phrases, like the following:

en arrivant	on arriving
avant de partir	before leaving
après avoir mangé	after eating
pour + inf	(in order) to
pour réserver une table	to book a table
sans perdre un moment	without wasting a moment
Quelle journée!	What a day!
Quelle horreur!	How awful!
malheureusement	unfortunately
heureusement	fortunately
puis	then
le lendemain	the next day
comme j'étais fatigué(e)	as I was tired
cinq minutes plus tard	five minutes later
il y a trois jours	three days ago

Look at this question and the suggested answer on the next page and see how some of the words in the survival kit have been used. They are underlined.

Vous êtes à l'hôpital parce que vous avez eu un accident grave. Ecrivez une lettre à un(e) ami(e) français(e) en phrases complètes.

Commencez et terminez la lettre comme il faut.

Dites:

- ce qui s'est passé exactement (2 détails);
- quelles étaient vos blessures (2 détails);
- ce que vous avez fait pendant votre séjour à l'hôpital (2 détails);
- ce que vous pensez de votre séjour à l'hôpital;
- combien de temps vous allez passer à l'hôpital.

WJEC 2000

Note how the question asks you to write in the past, present and future and to give an opinion.

Sample GCSE questions

Model answer

Hôpital de St. Malo
le 5 novembre

Chère Madeleine,

Je suis à l'hôpital! <u>Il y a trois jours j'ai fait une promenade</u> à la campagne. <u>Il pleuvait à verse</u> et <u>malheureusement je suis tombée</u>. Je me suis cassé la jambe et je me suis cassé le bras. <u>Quelle horreur!</u> <u>Sans perdre un moment</u>, mon ami a téléphoné pour une ambulance. <u>Elle est arrivée</u> <u>cinq minutes plus tard</u>.

Ici à l'hôpital j'ai lu deux livres et j'ai écouté de la musique. Les infirmières sont aimables et la nourriture est bonne. Hier <u>j'ai mangé</u> un steak frites et <u>j'ai bu</u> du vin! Je suis contente ici. Je vais sortir de l'hôpital demain.

A bientôt

Paula

> Remember to write a correct address and a correct beginning and ending to the letter.

> Notice that all the points of the task have been answered.

Exam practice questions

Listening

1 TRACK **43**

Un jeune parle de comment sa vie a changé. Ecoutez et cochez les bonnes cases.

1. Le jeune a perdu combien de kilos?

(a) 70 ☐
(b) 90 ☐
(c) 20 ☐
(d) 10 ☐

2. Comment a-t-il fait pour perdre tant de kilos?

(a) Il a cessé de fumer. ☐
(b) Il a beaucoup marché. ☐
(c) Il a joué au badminton. ☐
(d) Il a fait de l'exercice. ☐

3. Pourquoi a-t-il commencé à fumer?

(a) Il voulait essayer. ☐
(b) Il voulait prendre des kilos. ☐
(c) Il l'a fait presque par hasard. ☐
(d) Pour faire une bonne impression. ☐

4. Combien de cigarettes fumait-il?

(a) une cigarette par jour ☐
(b) un paquet par jour ☐
(c) très peu ☐
(d) beaucoup ☐

5. Pourquoi a-t-il cessé de fumer?

(a) Anne n'aimait pas. ☐
(b) C'était cher. ☐
(c) Il avait peur de cancer. ☐
(d) Il n'aimait pas l'odeur. ☐

6. Il a cessé de fumer en combien de temps?

(a) tout de suite ☐
(b) en un jour ☐
(c) en quelques jours ☐
(d) en un mois ☐

7. Que faisait Anne quand il était fumeur?

(a) Ça lui était égal. ☐
(b) Elle fumait aussi. ☐
(c) Elle s'éloignait. ☐
(d) Elle se mettait à côté de lui. ☐

[7]

Exam practice questions

2 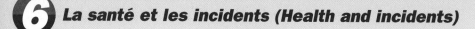 TRACK **44**

Ecoutez cette conversation et cochez les bonnes cases.

1. Où est-ce qu'Elise a mal?

(a) à la tête ☐

(b) à la jambe ☐

(c) au bras ☐

(d) au pied ☐

2. Quelle est la cause de sa maladie?

(a) le soleil ☐

(b) la nourriture ☐

(c) le stress ☐

(d) un insecte ☐

3. Elise a été malade souvent récemment?

(a) jamais ☐

(b) C'est la première fois. ☐

(c) C'est la deuxième fois. ☐

(d) plusieurs fois ☐

4. Où va Elise?

(a) au cinéma ☐

(b) au restaurant ☐

(c) au lit ☐

(d) au concert ☐

5. Quelle est l'attitude de Pierre?

(a) Il est content. ☐

(b) Il est désolé pour elle. ☐

(c) Il ne la croit pas. ☐

(d) Il ne veut pas sortir. ☐

6. Qu'est-ce qu'Elise demande?

(a) de l'argent ☐

(b) une bise ☐

(c) pardon ☐

(d) permission ☐

[6]

3 TRACK **45**

Une jeune Française décrit ce qu'elle fait le dimanche matin. Remplissez la grille avec la lettre de l'activité.

heure	activité
7h30	
8h00	
8h30	
9h00	
10h00	
11h00	
11h30	
12h30	

(a) une promenade

(b) le déjeuner

(c) à l'église

(d) de l'exercice

(e) des études

(f) la toilette

(g) le petit déjeuner

(h) une visite

[8]

Exam practice questions

Reading

1 Vous êtes en France. Lisez ce message de votre ami français.

> *Désolé mais je ne peux pas aller à la patinoire ce soir. J'ai mal à la tête et à la gorge. Maman pense que c'est la grippe. Elle m'a donné des pastilles pour la gorge et, demain matin, elle a l'intention d'appeler le médecin . . .*

Répondez aux questions.

1. Où a-t-il des douleurs?

....

2. Quelle est la cause probable?

....

3. Quel médicament a-t-il déjà pris?

....

4. Qu'est-ce que maman va faire le lendemain?

.... **[6]**

CCEA 1999

Exam practice questions

2 Lisez cette partie d'une lettre d'Hélène, votre correspondante française. Elle vous a écrit il y a quelques mois.

Poitiers, le 18 octobre

Salut!

Comment vas-tu? Moi, je vais bien. Excuse-moi de ne pas t'avoir écrit plus tôt, mais en ce moment je suis débordée! D'abord, il y avait la rentrée des classes et il a fallu que je me remette au rythme de l'école! (Tous les jours je me lève à six heures et je ne rentre qu'à six ou sept heures du soir - cela dépend du jour. Je t'envoie mon emploi de temps.)

J'espère que tu as passé de bonnes vacances d'été. Pour moi, c'était désastreux! On m'a opéré des dents de sagesse - on m'a enlevé les quatre dents. Je suis restée trois jours à l'hôpital et ensuite je ne devais ni sortir ni prendre le soleil. Je ne pouvais pas non plus me baigner dans la piscine - et il faisait tellement chaud!

Je te remercie pour les photos ...

Choisissez la phrase de chaque paire qui convient le mieux. Ecrivez a ou b dans la case.

1. (a) Hélène regrette que vous n'ayez pas écrit plus tôt.
    (b) Hélène était trop occupée pour correspondre avant octobre. ☐

2. (a) Elle trouve que la journée au lycée est longue.
    (b) Elle fait partie de l'orchestre du lycée. ☐

3. (a) Elle vous a envoyé des photos avec la lettre.
    (b) Son emploi du temps est inclus. ☐

4. (a) Elle a dû subir du traitement médical.
    (b) Elle a eu une opération pour enlever son appendice. ☐

5. (a) En raison de l'extraction de ses dents elle devait prendre beaucoup d'exercice.
    (b) Par conséquent, elle a dû rester à l'ombre. ☐

[5]

CCEA 2000

Exam practice questions

3 Lisez cet article sur le mal de la route.

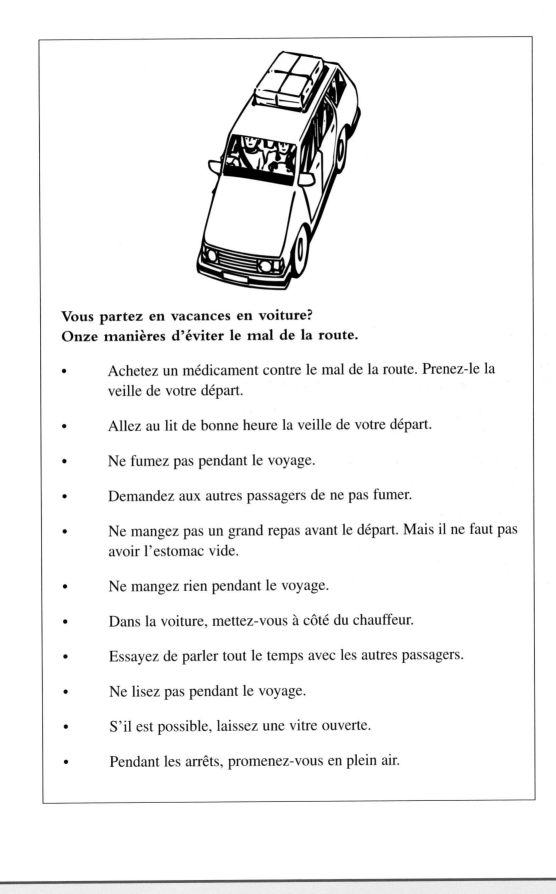

Vous partez en vacances en voiture?
Onze manières d'éviter le mal de la route.

- Achetez un médicament contre le mal de la route. Prenez-le la veille de votre départ.

- Allez au lit de bonne heure la veille de votre départ.

- Ne fumez pas pendant le voyage.

- Demandez aux autres passagers de ne pas fumer.

- Ne mangez pas un grand repas avant le départ. Mais il ne faut pas avoir l'estomac vide.

- Ne mangez rien pendant le voyage.

- Dans la voiture, mettez-vous à côté du chauffeur.

- Essayez de parler tout le temps avec les autres passagers.

- Ne lisez pas pendant le voyage.

- S'il est possible, laissez une vitre ouverte.

- Pendant les arrêts, promenez-vous en plein air.

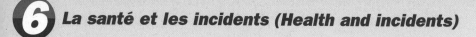

Exam practice questions

Remplissez les blancs. Utilisez les mots dans cette liste.

faites	devant	lit	s'arrêter	médicaments	fermées
causer	couchez	cigarettes	peu	enfant	

Le jour avant

Prenez vos (a) .... et (b) .... -vous de bonne heure.

Le chauffeur

Demandez au chauffeur si vous pouvez vous mettre (c) .... Demandez-lui

aussi de (d) .... de temps en temps.

Pendant le voyage

Avand de partir, mangez un (e) .... Evitez les (f) .... et demandez aux

autres passagers de (g) .... avec vous.

Dites-leur que vous ne voulez pas avoir les vitres (h) ....

Pendant les arrêts, (i) .... des promenades. **[9]**

Writing

1 Pendant vos vacances quelqu'un vous a volé un objet de valeur. Ecrivez une lettre à un(e) ami(e) et racontez des détails.

Dites:

• quand le vol s'est passé;
• où vous étiez à ce moment-là (2 détails);
• ce qui s'est passé exactement (3 détails);
• ce que vous avez fait ensuite (3 détails);
• ce que vous pensez du voleur. WJEC 2000

....

....

....

7 Le monde

(The world at large)

The following topics are included in this chapter.

● **Special occasions and the environment**
● **Grammar**

7.1 Special occasions and the environment

After studying this section and the following exercises, you should be able to:

● **talk about your area, saying where you live and why you like/dislike it**
● **cope with a variety of role-plays**
● **understand information about towns/cities/regions of a French-speaking country**
● **write about your area using impressive vocabulary**

Fêtes (Special occasions)

AQA A   AQA B
EDEXCEL
OCR
WJEC
NICCEA

You need to study the vocabulary and know the French for special occasions like Christmas and Easter. These may well appear in your reading and listening tests. You might like to use a special occasion for writing coursework or your presentation. The environment will be examined in all skills: in your conversation test you may be asked to describe your town or region. You may well be asked about your local area, animals and weather. Weather is often examined in the listening and reading tests.

Birthdays and other celebrations

Bon anniversaire – Happy birthday
Bonne année – Happy new year
fêter – to celebrate
le Jour de l'An – New Year's Day
le jour férié – day off

Joyeux Noel! – Happy Christmas!
le mariage – wedding
meilleurs vœux – best wishes
la mort – death
la naissance – birth

les noces (fpl) – wedding
le Nouvel An – New Year
Pâques – Easter

7 Le monde (The world at large)

le chemin   le lac   la rivière

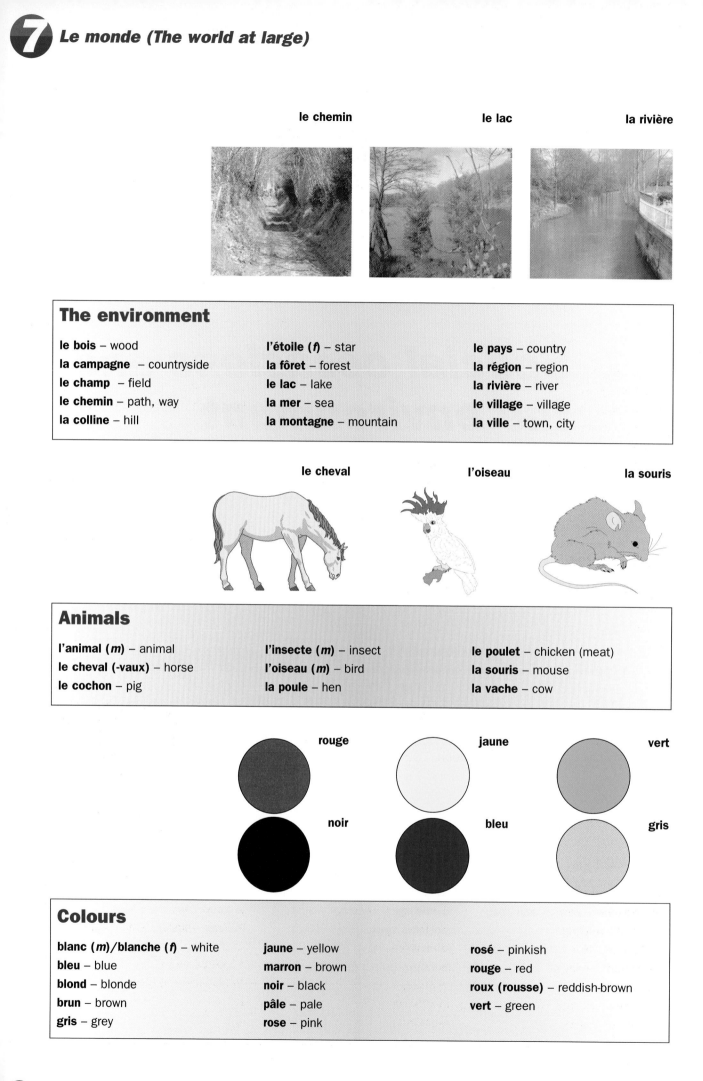

The environment

le bois – wood
la campagne – countryside
le champ – field
le chemin – path, way
la colline – hill

l'étoile (f) – star
la fôret – forest
le lac – lake
la mer – sea
la montagne – mountain

le pays – country
la région – region
la rivière – river
le village – village
la ville – town, city

le cheval   l'oiseau   la souris

Animals

l'animal (m) – animal
le cheval (-vaux) – horse
le cochon – pig

l'insecte (m) – insect
l'oiseau (m) – bird
la poule – hen

le poulet – chicken (meat)
la souris – mouse
la vache – cow

rouge   jaune   vert

noir   bleu   gris

Colours

blanc (m)/blanche (f) – white
bleu – blue
blond – blonde
brun – brown
gris – grey

jaune – yellow
marron – brown
noir – black
pâle – pale
rose – pink

rosé – pinkish
rouge – red
roux (rousse) – reddish-brown
vert – green

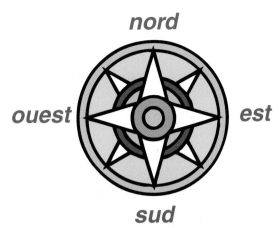

nord

ouest   est

sud

Compass points and directions

l'est (*m*) – east
le nord – north
l'ouest (*m*) – west
le sud – south
à droite – to/on the right
en bas – below, downstairs

en haut – above, upstairs
entouré de – surrounded by
en face de – opposite
à gauche – to/on the left
là – there
là-bas – over there

loin de – far from
où – where
Pour aller à . . . ? – How do I get
  to . . . ?
près de – near
tout droit – straight on

Adjectives

ancien (ancienne) – former,
  ancient
confortable – comfortable

moderne – modern
neuf (neuve) – new
pittoresque – picturesque

typique – typical

les nuages   la pluie   l'orage

The weather

l'averse (*f*) – shower (of rain)
le brouillard – fog
la brume – mist
la chaleur – heat
le ciel – sky
le climat – climate
le degré – degree

l' éclair (*m*) – flash of lightning
la glace – ice
la météo – weather forecast
la neige – snow
le nuage – cloud
l'orage (*m*) – storm
la pluie – rain

le soleil – sun
la température – temperature
la tempête – storm
le temps – weather
le tonnerre – thunder
le vent – wind

Weather verbs

briller – to shine

il fait beau/chaud/froid/du vent – it is nice/hot/cold/windy

il gèle/neige/pleut – it is freezing/snowing/raining

sens interdit

le gendarmerie

le passage à niveau

In the street

le bruit – noise	**la gendarmerie** – police station	**prière de . . .** – please do not . . .
le carrefour – crossroads	**le passage à niveau** – level crossing	**la queue** – queue
le centre-ville – town-centre		**la rue** – street
la circulation – traffic	**le passage clouté** – pedestrian crossing	**sens interdit** – no entry
le coin – corner		**sens unique** – one-way
l'embouteillage (*m*) – traffic jam	**le passant** – passer-by	**la tour** – tower
les feux – traffic lights	**le piéton** – pedestrian	**le trottoir** – pavement

le plan

le parking

In town

la banlieue – outskirts (of a city)	**le parc** – park	**le plan** – map (of town)
la fontaine – fountain	**parisien (-ienne)** – Parisian	**le pont** – bridge
l'habitant (*m*) – inhabitant	**le parking** – car park	**le quartier** – district
l'industrie (*f*) – industry	**la piscine** – swimming pool	
le jardin public – park	**la place** – square	

l'église

la mairie

l'hôtel de ville

Buildings

le bâtiment – building

la bibliothèque – library

le bureau des objets trouvés – lost-property office

la cathédrale – cathedral

le centre commercial – shopping centre

le château – castle

le commissariat – police station

l'église (*f*) – church

l'hôpital (*m*) – hospital

l'hôtel de ville (*m*) – town hall

la mairie – town hall

l'immeuble (*m*) – block of flats

le monument – monument

le musée – museum

l'office de tourisme (*f*) – tourist office

Conversation: Grades G–D

AQA A   AQA B

EDEXCEL

OCR

WJEC

NICCEA

Quels sont les lieux d'intérêt dans ta région?

Il y a des magasins, l'hôtel de ville, une vieille église et le commissariat de police, une église intéressante et un jardin public.

A quelle distance se trouve ta maison de Londres/de la mer?

Ma maison se trouve à cent dix kilomètres de Londres/de la mer.

The only verb forms used here are *il y a* and *se trouve*. That is why it is a Grade G–D conversation.

Il y a combien d'habitants dans ta ville/ton village?

Il y a huit mille habitants.

Qu'est-ce qu'il y a pour les jeunes?

Il y a des clubs, un cinéma et une patinoire.

7 Le monde (The world at large)

Conversation: Grades C–A*

AQA A AQA B
EDEXCEL
OCR
WJEC
NICCEA

Quel temps fait-il?	Aujourd'hui il pleut.
Quel temps a-t-il fait hier?	Il a fait beau.
Et quel temps fera-t-il demain?	Il fera chaud, je crois.

Your chance to give an opinion and justify it.

Décris ta ville/ta région.
Tu l'aimes?

J'aime bien ma région parce que près d'ici il y a beaucoup de choses intéressantes. Il y a un canal, une rivière, un joli parc, beaucoup de terrains de sport et un cinéma. Pas loin d'ici il y a des usines mais aussi il y a la campagne.

Où exactement se trouve ta région?

Elle se trouve dans le nord/sud/est/ouest/centre de l'Angleterre/du pays de Galles/de l'Ecosse/de l'Irlande.

Quels sont les bâtiments intéressants?

Il y a une bibliothèque, un cinéma, l'hôtel de ville, une vieille église, une piscine et un hôpital.

Your chance to use a perfect tense.

Où es-tu né(e)? Dans cette région?

Non, je suis né(e) à Londres.

Your chance to show you can use a future tense.

Où habiteras-tu à l'avenir?

J'habiterai ici parce que je l'aime bien.

7.2 *Grammar*

LEARNING SUMMARY

After studying this section, you should know about:

● *the pluperfect tense*
● *negatives*

Le plus-que-parfait (The pluperfect)

AQA A AQA B
EDEXCEL
OCR
WJEC
NICCEA

The pluperfect tense is used to say that something had happened:

I had seen . . .   He had learned . . .

KEY POINT

In the perfect tense, some verbs use avoir and some verbs use être. In the pluperfect tense the same applies. Those verbs that take être in the perfect also take être in the pluperfect.

To form the pluperfect, use the imperfect tense of *avoir* or *être* and the past participle.

The pluperfect tense with *avoir*:

j'avais donné (I had given)
tu avais donné
il/elle/on avait donné
nous avions donné
vous aviez donné
ils/elles avaient donné

The pluperfect tense with *être*:

j'étais allé(e) (I had gone)
tu étais allé(e)
il/elle/on était allé(e)
nous étions allé(e)s
vous étiez allé(e)(s)
ils/elles étaient allé(e)s

KEY POINT

If you use a pluperfect in your writing test or coursework, you will get extra marks. Why not learn a few examples and include them in your exam work?

Nous avons passé les vacances dans un camping en France. Mon père avait réservé un bon emplacement.

We spent the holidays at a campsite in France. My father had booked a good pitch.

Le jour de mon anniversaire j'ai reçu l'argent que mes parents m'avaient promis.

On my birthday I got the money that my parents had promised me.

PROGRESS TEST

Give the French for the following:
1 I had seen the film already.
2 He was late because he had lost the address.

1 J'avais déjà vu le film. 2 Il était en retard parce qu'il avait perdu l'adresse.

Negatives

AQA A   AQA B
EDEXCEL
OCR
WJEC
NICCEA

ne . . . pas	not
ne . . . jamais	never
ne . . . personne	nobody/no one
ne . . . ni . . . (ni . . .)	neither . . . nor
ne . . . plus	no more, no longer
ne . . . rien	nothing

Il n'est pas venu.	He did not come.
Il ne paie jamais.	He never pays
Je ne vois personne.	I see nobody./I can't see anyone.
Elle n'est ni riche ni pauvre.	She is neither rich nor poor.
Je n'habite plus à Londres.	I don't live in London any more.
Elle ne mange rien.	She eats nothing.

Try to use negatives in your writing test.

Le jour de mon anniversaire je n'ai pas reçu l'argent que mes parents m'avaient promis.	On my birthday I didn't get the money that my parents had promised me.
J'aime le tennis mais je ne joue jamais au football.	I like tennis but I never play football.

PROGRESS TEST

Give the French for the following:

1   I never go to the cinema.
2   At the party I drank nothing.

1 Je ne vais jamais au cinéma. 2 Pendant la boum, je n'ai rien bu.

Sample GCSE questions

Speaking

Role-play 1  TRACK 46

> In this role-play you have to invent answers. The trick is to think of simple things to say. Don't try to be too ambitious. You won't get extra marks for it!

You are discussing your Saturday job at the sports centre with your penfriend. You have been working there in order to pay for your visit to France.

Your teacher is your penfriend and will speak first.

> Have you read the introduction thoroughly? The second sentence is a clue to one of the répondez à la question tasks.

1. Dites-lui où vous travaillez le samedi.
2. Répondez à la question: inventez une réponse.
3. Répondez à la question.
4. Dites-lui ce que vous faites comme travail. Inventez au moins un détail.
5. Dites votre opinion du travail.

WJEC 1999

Examiner's role and suggested answers

Examiner	*Où travailles-tu le samedi?*
Candidate	*Je travaille au centre sportif.*
Examiner	*Depuis combien de semaines travailles-tu?*
Candidate	*Quatre semaines.*
Examiner	*Pourquoi as-tu décidé d'y travailler?*
Candidate	*Pour payer ma visite en France.*
Examiner	*Bien . . . qu'est-ce que tu fais comme travail?*
Candidate	*Je téléphone et j'écris des lettres.*
Examiner	*Que penses-tu du travail?*
Candidate	*J'aime bien le travail parce que c'est intéressant.*

Exam practice questions

Listening

1 **TRACK 47**

Choisissez la bonne image et écrivez la lettre correcte dans la case.

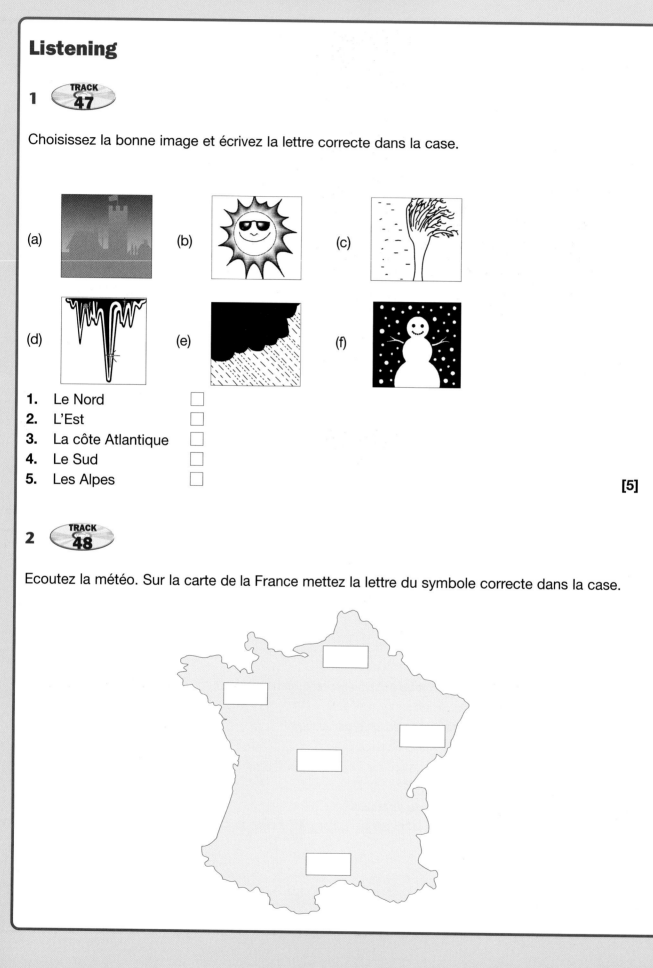

(a)   (b)   (c)

(d)   (e)   (f)

1. Le Nord ☐
2. L'Est ☐
3. La côte Atlantique ☐
4. Le Sud ☐
5. Les Alpes ☐

[5]

2 **TRACK 48**

Ecoutez la météo. Sur la carte de la France mettez la lettre du symbole correcte dans la case.

Exam practice questions

(a)   rain

(b)   snow

(c)   fog

(d)   wind

(e)   cold

(f)   sun

[5]

3   TRACK **49**

Ecoutez ces extraits de la radio. Regardez la liste de descriptions. Choisissez la description qui correspond à chaque extrait. Mettez les bonnes lettres dans les cases.

1 ☐   2 ☐   3 ☐   4 ☐   5 ☐

(a)   sport
(b)   publicité
(c)   circulation routière
(d)   crime
(e)   politique
(f)   météo

[5]

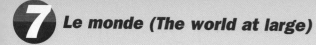

Exam practice questions

4 TRACK **50**

Trois personnes donnent leurs opinions. Cochez la bonne case et écrivez des exemples qui montrent leurs personnalités.

1. M. Laudic: comment est-il?

(a) déprimé ☐
(b) paresseux ☐
(c) difficile ☐
(d) optimiste ☐

2. Ecrivez trois exemples qui montrent sa personnalité.

3. Mme Bernard: comment est-elle?

(a) déprimée ☐
(b) paresseuse ☐
(c) difficile ☐
(d) optimiste ☐

4. Ecrivez trois exemples qui montrent sa personnalité.

5. M. Renault: comment est-il?

(a) déprimé ☐
(b) paresseux ☐
(c) difficile ☐
(d) optimiste ☐

6. Ecrivez trois exemples qui montrent sa personnalité. **[12]**

5 TRACK **51**

A group of French students is spending a week in London and are asked by one of their teachers for their impressions of the city. Listen to what each of them says and decide which statement from the list best describes his or her opinion. Write after each name the letter of the matching statement. You will not use all the letters. The students are interviewed in the order given.

(a) is not very impressed
(b) likes it a lot
(c) finds it very like Paris
(d) dislikes the noise and the pollution
(e) is impressed by the number of things to visit
(f) finds it friendly

1 Carine ☐   2 François ☐   3 Stéphanie ☐   4 Caroline ☐   5 Christophe ☐ **[5]**

Exam practice questions

6

Un jeune parle de sa vie près de Paris.

Vrai ou faux? Cochez la bonne case.

		Vrai	Faux
1.	Il est facile de trouver du travail dans le village.	☐	☐
2.	Jean-Pierre veut travailler à Paris.	☐	☐
3.	Jean-Pierre voudrait travailler dans une ferme.	☐	☐
4.	Il y a peu de machines dans les fermes.	☐	☐
5.	Jean-Pierre trouve du travail en automne.	☐	☐
6.	Il travaille dans les champs.	☐	☐
7.	Il travaille avec le fruit.	☐	☐
8.	Il connaît beaucoup de gens à Paris.	☐	☐
9.	Dans le village la circulation est un problème.	☐	☐
10.	Les magasins du village vendent de tout.	☐	☐	[10]

Reading

1 Vous lisez la Météo dans un journal français.

Europe ce week-end		
	Ville	**Météo**
A	Paris	vents forts
B	Berlin	neige
C	Amsterdam	soleil
D	Londres	nuageux
E	Bruxelles	pluie
F	Madrid	très chaud

Reliez les villes et les bons dessins. Ecrivez les bonnes lettres dans les cases.

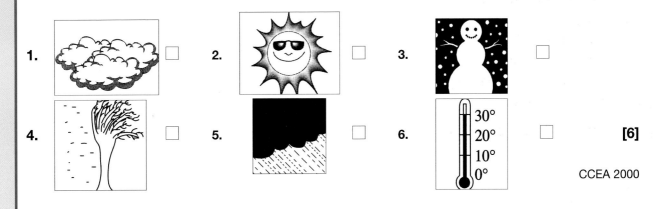

[6]

CCEA 2000

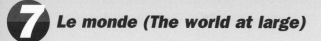

Exam practice questions

2 Here is the weather forecast for four parts of France for the 10th February.
Answer the questions below by giving the correct area.

Bretagne

Le ciel sera partagé entre les nuages et les éclaircies. Le vent du nord sera sensible et renforcera l'impression de froid. Le thermomètre ne dépassera pas 4 à 6°C.

Limousin

Les nuages seront présents avec davantage d'éclaircies l'après-midi. Un risque de neige est possible. Les températures monteront jusqu'à 5°C l'après-midi.

Auvergne

Encore beaucoup de nuages et d'averses sur les versants nord. L'après-midi le thermomètre aura du mal à repasser au-dessus du 0°C.

Corse

Le temps sera bien ensoleillé avec du vent très fort aux environs de 100 à 110 km/h. L'après-midi le thermomètre indiquera entre 5 et 10°C.

---

1. Which area will be sunniest?

....

2. In which area is it likely to snow?

....

3. Where will the temperature struggle to get above freezing?

....

4. Where will the wind make it feel even colder than it really is?

....

[4]

WJEC 2000

Exam practice questions

3 Lisez cet extrait d'une interview publiée dans un magazine français.

L'ENVIRONNEMENT

Pour moi, préserver l'environnement, c'est très important mais ce qui m'étonne, c'est que certains Français ne font pas attention à leur environnement. Ils se contentent d'éparpiller des papiers partout dans la rue, ou sur les plages. Le nombre de gens qui se déplacent en voiture est inquiétant, malgré le fait que le transport en commun marche très bien. Par exemple, j'essaie de persuader mon père d'utiliser le train au lieu de sa voiture tous les jours, mais cela ne sert à rien -il ne m'écoute pas et dit que voyager en voiture lui convient mieux. Pour le convaincre, évidemment, c'est trop tard.

Mes amis et moi, nous avons fait des efforts récemment pour faire revivre la flore et la faune qui étaient en train de disparaître. Ce type d'opération doit avoir lieu chaque année.

Ce qui est positif, c'est qu'on pense à créer des programmes spéciaux à l'école pour informer les jeunes. Alors je m'attends à des changements énormes pour l'avenir. Mais le gouvernement devrait faire plus pour protéger l'environnement et dans ce but j'ai écrit de nombreuses lettres.

Véronique

Pour finir les phrases, choisissez parmi les expressions (a) à (i).
Puis écrivez la bonne lettre dans la case.

1. Véronique parle . . .

2. D'après Véronique, certaines gens . . .

3. Pour le père de Véronique, le transport public . . .

4. Véronique et ses amis . . .

5. D'après Véronique, l'opération . . .

6. Les jeunes de l'avenir . . .

7. Le gouvernement . . .

(a) . . . seront bien informés sur l'environnement.

(b) . . . se passe chaque année.

(c) . . . doit aider à protéger l'environnement.

(d) . . . ne respectent pas leur environnement.

(e) . . . doit avoir lieu régulièrement.

(f) . . . de l'environnement.

(g) . . . nettoient les environs.

(h) . . . ne lui convient pas.

(i) . . . contribuent à sauver les plantes et les animaux.

Exemple 1	2	3	4	5	6	7
f						

[6]

Edexcel 1999

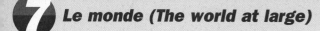

Exam practice questions

Writing

1 Vous venez de déménager à une nouvelle ville.
Ecrivez une lettre pour un magazine de jeunesse en phrases complètes.
Donnez des détails de votre nouvelle maison.

Dites:

- pourquoi vous avez déménagé;
- ce que vous pensez de votre nouvelle ville;
- dans quelle ville vous préférez habiter et pourquoi;
- où vous voudriez habiter quand vous serez grand(e).

....

....

....

WJEC 1999

2 Ecrivez un article d'environ 100 mots (minimum 85 mots) en français sur la région où vous habitez.

Donnez les détails suivants:

- depuis combien d'années vous habitez dans la région;
- une description de la région (c'est où? c'est quelle sorte de région?);
- ce qu'il y a de bon et de mauvais dans la région;
- une visite que vous avez faite dans la région;
- où vous allez habiter à l'avenir et pourquoi.

....

....

....

OCR 1999

Writing coursework

Planning and writing your coursework

This is what you need to know about Writing Coursework:

- For GCSE French, you have to do either a writing exam or writing coursework.
- Ask your teacher if you are being entered for the terminal exam or the coursework option.
- If you are doing coursework, you have to submit three pieces of work.
- If you want to get a top grade, each piece of work should be about 150–200 words.
- With some exam boards, you can choose your own title. Others give you a selection of titles. Check with your teacher.

What makes a good piece of coursework?

This is what the examiners are looking for:

- variety of tenses;
- complex constructions;
- longer sentences;
- opinions;
- justification of opinions;
- impressive vocabulary;
- well-organised, imaginative and interesting reading.

You have to write a piece of coursework. How do you get started? Follow these **five** steps.

Step 1

Choose a title. (You must talk to your teacher. You may be able to choose your own or you may have one chosen for you.)

If you are allowed to choose your own, here are some ideas:

- a leaflet about your local area;
- a letter of complaint to a holiday company (or hotel or the Prime Minister!);
- job application letter;
- your work experience;
- a famous person;
- an accident or incident;
- your favourite leisure activity;
- a trip abroad;
- review of a film, book, TV programme or play;

- 'I've won!' (this title allows you to use your imagination);
- letter to a problem page.

Step 2

Make a list in English of things you can say about your topic. If you are going for 150–170 words, you will probably need at least about 15 items on your list.

Step 3

Re-arrange and organise your list into a logical sequence.

Step 4

Find out how to say the things on your list in French. You can use any book or reference material.

Step 5

Make sure you have these features in your work. Use the words in the following section if they fit in with your topic.

- Variety of tenses;
- Complex constructions;
- Longer sentences;
- Opinions;
- Justification of opinions;
- Impressive vocabulary;
- Well-organised, imaginative and interesting reading.

Some useful words for your coursework

When?

après – after

après-demain – the day after tomorrow

avant-hier – the day before yesterday

l'après-midi (*m*) – afternoon

aujourd'hui – today

avant – before

l'avenir (*m*) – future

bientôt – soon

combien de temps? – how long?

d'abord – first of all

de bonne heure – early

de temps en temps – from time to time

demain – tomorrow

en retard – late

encore une fois – once again

ensuite – next

la fois – time, occasion

à l'heure – on time

hier – yesterday

hier soir – last night

le lendemain – the next day

longtemps – a long time

le mois – month

à partir de – from

pendant – during

pendant que – while

puis – then

quand? – when?

à quelle heure? – at what time?

quelquefois – sometimes

la semaine – week

le siècle – century

souvent – often

de temps en temps – from time to time

toujours – still, always

tous les jours – every day

tout à l'heure – just now

Adverbs

comme ci comme ça – so-so

d'habitude – normally

déjà – already

généralement – usually

immédiatement – straight away

malheureusement – unfortunately

normalement – normally

de nouveau – again

peut-être – perhaps

récemment – recently

Example of a coursework task

Step 1 Write a description of your work experience (target: 150–200 words).

Step 2 What you could say:
- who organised the work experience, when you did it, and for how long;
- how you got there every morning and how you returned home;
- whether you liked the journey (or not) – give a reason (tiring? expensive? long?);
- where you were working (in an office? out of doors? in a factory?);
- what you had to do at work (answer the phone? help someone? write letters? make tea? help in the office? look after children? look after sick people?);
- whether you liked the work (or not) – give reasons;
- what you were paid (or not paid);
- what you will do with the money;
- what the people you worked with were like (the boss?);
- what you had for lunch, where you ate;
- what you did in the evenings after work;
- how you felt when you returned to school;
- whether you would like (or not) to do a similar job in the future – give reasons;
- what your brother/sister/friend will do on his/her work experience – give an opinion.

Step 3   There are more than enough ideas here. You can select your own.

Step 4   The hard bit. Try to write your ideas in French.

Step 5   Use any books you can find, and the lists below, to make your work interesting for the examiner.

Time expressions

au mois de février – in February
il y a deux mois – two months ago
le matin – in the mornings
le soir – in the evenings
tous les jours – every day

toute la journée – all day
d'abord – first of all
de temps en temps – from time to time
après, ensuite – after, next

en arrivant – when I arrived
en rentrant chez moi – when I got home
pendant une semaine – for a week
à l'avenir – in the future

People

le patron/la patronne – boss
les ouvriers (*mpl*)/les ouvrières (*fpl*) – workers

le/la sécrétaire – secretary
le client/la cliente – customer
les collègues (*m+f*) – workmates

le professeur – teacher
les enfants (*m+f*) – children
les malades (*m+f*) – sick people

Verbs

j'étais – I was (e.g. tired)
organiser – to organise
voyager – to travel
rentrer à la maison – to return home
j'aimais – I used to like, I liked
je n'aimais pas – I didn't like
j'adorais – I loved
je détestais – I hated

je travaillais – I was working
je devais (+ inf) – I had to (do)
répondre au téléphone – to answer the phone
aider – to help
écrire des lettres – to write letters
faire le thé – to make the tea
j'ai fait – I did, I made
soigner – to look after

J'ai reçu x livres – I got x pounds
je n'ai pas reçu – I did not get
J'irai – I will go
J'achèterai – I will buy
il/elle était – he/she was
je mangeais – I ate, I used to eat
je buvais – I drank, I used to drink
je dormais – I slept, I used to sleep

Useful words

fatigant – tiring
cher – expensive
long – long
le stage – work experience
un tel travail – a similar job

parce que – because
quel travail! – what a job!
ennuyant – boring
ça m'a vraiment plu! – I really liked it

trop – too
gentil/sympa – nice
bruyant – noisy

Places

le bureau – office
en plein air – out-of-doors

l'usine (*f*) – factory

la cantine – dining area

Sample piece of coursework

Mon stage

1	**mark-winning time phrases**
2	**correct use of perfect tense**
3	**correct use of pluperfect tense**
4	**correct use of imperfect tense**
5	**impressive vocabulary**
6	**good useof adverb**
7	**good use of pronoun**
8	**long sentence extended by** *parce que*
9	**correct use of future tense**
10	**correct use of conditional**
11	**use of imagination**
12	**justified opinion**

Il y a deux mois[1], au mois de février, j'ai fait[2] un stage dans un hôtel près de chez moi. Un de mes professeurs avait organisé[3] le stage et il a duré[2] une semaine. Tous les jours[1] je prenais[4] un car à six heures du matin. Je rentrais[4] à six heures du soir. Trente minutes dans le car! Le trajet ne m'a pas plu[5, 12] parce que c'était[4] fatigant[5]. D'ailleurs[6], c'était cher.

A l'hôtel je devais[4] travailler à la réception. Tout le temps[1] mes collèges me[7] demandaient de faire du thé! Je devais[4] aussi écrire des lettres, nettoyer les chambres et servir les boissons dans le bar. J'aimais[4] surtout[6] le travail dans le bar parce que beaucoup des clients buvaient trop et c'était marrant[5] de les voir[8]. En plus[6], ils me[7] donnaient[4] des pourboires! Un client m'[7]a donné[2] vingt livres et avec l'argent j'achèterai[9] des vêtements et des cadeaux.

A l'avenir[1] je ne veux pas travailler dans un hôtel parce que le travail est trop dur. Je voudrais[10] travailler à l'étranger dans une banque parce que le travail est plus facile, le climat est meilleur[8] et en plus je pense[12] qu'il sera facile de voler de l'argent[11]. Comme ça je serai[9] millionnaire!

(200 words)

Now your turn!

Why not write a piece of coursework about your work experience? Do not just copy this one! Make up your own ideas but use some of the techniques shown above.

Exam practice answers

CHAPTER 1

Listening Task 1

1 trouve   2 trop   3 chaque   4 sens   5 amis   6 parce que
7 content

Listening Task 2

cinéma; maison; 19; voiture; tard

Listening Task 3

03-22-38-56-24

malade; soir; après-demain; cadeau; restaurant; payer

Listening Task 4

Monique: 6, 8

Claude: 3, 9

Sylvia: 4, 7

Marc: 4, 5

Listening Task 5

1 Elle ne l'aime pas: (four of:) il l'a critiquée, il l'a grondée, il l'a
   punie, sa discipline est nulle, il n'est pas expert, il arrive en
   retard.
2 Il l'aime: il l'a félicité, sa discipline est bonne, il est expert, il
   arrive à l'heure.
3 Il est arrivé dix minutes en retard.
4 Triste: il n'a pas souri.
5 C'est comme si on parlait de deux professeures différents.

Listening Task 6

1 As he could not afford the bus, he had to walk 10km to get
   there and it took too long.
2 He makes toys.
3 To pay for his brother to go to school.
4 Some live too far away, and others have parents who need
   them to work on the farm.

Reading Task 1

la salle de séjour = 6

la chambre de grand-mère = 5

la chambre de Marie = 3

Reading Task 2

1 b espagnol   b anglais
2 maths
3 musique
4 mercredi

Reading Task 3

1 relationships with parents
2 difficulties about going out
3 tell them if coming home after midnight/don't come home in
   a bad state/don't sleep all day on Sunday
4 She has come to an agreement with her parents: she goes out
   two weekends a month, and she chooses where she goes but
   has to tell her parents what time she will be back. She pays
   her costs from her pocket money.

Writing Task 1

1 J'achète du fromage et des fruits.
2 On se rencontre dans le parking.
3 On y va à vélo.
4 On rentre à quatre heures et demie.
5 On va à la piscine.

CHAPTER 2

Listening Task 1

1 Wednesdays
2 2pm
3 an hour and a half
4 at the entrance to the museum

Listening Task 2

1 B   2 C   3 D   4 E   5 A

Listening Task 3

Marc: 3, 7, 9

Juliette: 4, 6, 8

Listening Task 4

1 défavorable   2 favorable   3 favorable   4 défavorable
5 défavorable   6 favorable

Listening Task 5

1 anglais ‹ américain

2 sous-titré ‹ en version originale

3 jeudi ‹ mardi

4 aux moins de 18 ans ‹ à tout le monde

5 50 francs ‹ 60 francs

6 Réservation obligatoire ‹ pas nécessaire de réserver

7 34 ‹ 44

Reading Task 1

1 23:00   2 18:30   3 18:00   4 22:30

Reading Task 2

1 Fatima   2 Thérèse   3 Marc   4 Cécile   5 Corinne

Reading Task 3

1 36 en 2001
2 institutrice/professeur
3 non
4 journalisme/publicité
5 non
6 caméléons
7 *Three from* 'jouer de la guitarre', 'écouter de la musique', 'faire
   du camping', 'promener les caméléons'

Reading Task 4

1 15 ans.   2 Deux sœurs, pas de frères.   3 Grande, au dehors
d'un village   4 Dans une chambre au premier étage.   5 Parce
qu'elles vont partager une chambre.   6 Il lit.   7 Avec des
copains et des copines.

Writing Task 1

Suggested answer

Je suis en vacances en Ecosse. Il pleut et il fait froid. Pendant le
jour, je joue aux cartes et je regarde la télé. Le soir, je danse et je
vais au cinéma.

Writing Task 2

Suggested answer

Samedi dernier il y a eu une surprise-partie chez moi pour mon
anniversaire. Mes parents l'ont organisée et ils ont invité tous
mes amis. Elle a commencé à huit heures et elle a fini à minuit.
Le moment le plus intéressant s'est passé à onze heures. Un de
mes copains avait trop bu et il s'est endormi sur le canapé. Le
chat s'est assis sur sa tête!

La surprise-partie m'a vraiment plu parce que j'ai reçu beaucoup de cadeaux et j'ai vu tous mes amis. La musique était excellente et mes parents sont sortis (heureusement!).

L'année prochaine je vais louer un club et je vais inviter tous mes amis à passer la nuit entière à danser.

CHAPTER 3

Listening Task 1

1 a   2 b   3 c   4 a   5 d

Listening Task 2

1 dans une forêt   2 d   3 a   4 c   5 b

Listening Task 3

1 il n'a pas d'argent   2 a   3 b   4 dans le jardin d'un voisin
5 c   6 les vacances sont trop courtes   7 b   8 d

Listening Task 4

la mère: 1, 4, 6, 9

le père: 2, 3, 5, 7, 8

Listening Task 5

Vrai: 1, 3, 4, 7, 9

Listening Task 6

Durée du vol: 3 heures

Prix du vol: 1500 francs

Pas compris dans le prix: hôtel

Problème avec les hôtels: on double le prix des chambres

Solution à ce problème: regardez l'avis sur la porte de la chambre

Information sur les dîners en Espagne: ne commencent pas avant 22h

Le meilleur plat: fruits de mer

Méthode de paiement: carte de crédit

Reading Task 1

1 b   2 c   3 c   4 b   5 b

Reading Task 2

1 centre   2 taxi; car   3 s'arrête   4 étage   5 compris

Reading Task 3

1 a one where you have to pay
   b from 9am to 7pm
   c Monday to Saturday (except bank holidays)
   d take a ticket
2 because you'd be blocking the entrance to a doctor's house
3 behind the church

Reading Task 4

j, d, f, b, c, a, h

Reading Task 5

1 la tante de Bernard
2 Il a passé les grandes vacances dans le camping de sa tante.
3 Ils devront vider les poubelles et servir au magasin.
4 Il pourra traduire.
5 On peut aller aux cafés, aux cinémas et aux discos.
6 Parce que c'est près.
7 b
8 b

Writing Task 1

Suggested answer

Il y a deux adultes et un enfant.

Nous avons une voiture et une caravane.

On préfère être à l'ombre.

On arrivera le douze juin.

On va rester trois nuits.

Writing Task 2

Suggested answer

Londres, le 5 mars

Cher ami,

Bientôt je serai chez toi. Je vais prendre l'avion à Heathrow le quinze mars à six heures du matin.

A Grenoble je voudrais faire du ski parce que j'adore faire du ski et la neige est si bonne à Grenoble. Je voudrais aussi monter à cheval parce que j'ai un cheval ici en Angleterre et j'aime bien faire de l'équitation.

L'année dernière à Grenoble, j'ai fait des promenades dans les montagnes et je voudrais faire la même chose cette année.

Il y a une patinoire et une piscine à Grenoble?

A bientôt,

Becci

CHAPTER 4

Listening Task 1

1 c, g   2 b, h   3 d, e

Listening Task 2

1 a   2 b   3 c

Listening Task 3

1 en face de la mairie   2 belge   3 50F   4 non   5 oui
6 steak frites   7 le mardi

Reading Task 1

1 Bernadette   2 Jean-Claude   3 Céline   4 Anne   5 Pierre

Reading Task 2

1 Marie   2 Marie   3 Catherine   4 Alain   5 Pierre

Reading Task 3

1 B   2 C   3 C   4 C   5 B   6 A

Reading Task 4

1 B   2 D   3 A   4 D   5 D

Reading Task 5

1 Talk to people who live there or have been there. Read guide books.
2 Keep the windows up. Do not lower the window to talk to pedestrians.
3 Be cowardly. Have some money ready to give to attackers.
4 Prepare your route before setting off so that you do not have to consult a map. Use a money belt which is out of sight across your stomach.

CHAPTER 5

Listening Task 1

1 Laudic   2 16   3 chimie   4 infirmière
5 Leclerc   6 17   7 géographie   8 ingénieur

Listening Task 2

1 dans une ferme   2 peur des animaux   3 parler français
4 le 5 juin   5 le 28 août   6 45   7 gratuit   8 1200 francs

Listening Task 3

Sylvie: un mois   Marc: pas de vacances   Luc: une semaine
Isabelle: deux semaines

Listening Task 4

1 b   2 c   3 d   4 d   5 c

Listening Task 5

1 d   2 sa grand-mère voulait bavarder   3 il a trouvé un mécanicien   4 un accident de la route   5 d

Listening Task 6

1 Elle veut être la propriétaire d'une école d'équitation.   2 Son père lui a donné un cheval.   3 Elle va à l'école deux fois par semaine.   4 Elle s'est cassé le bras.   5 d

Exam practice answers

Reading Task 1

1 Wednesday and Sunday   2 two hours   3 on the first floor
4 opposite the library   5 comfortable   6 smoke   7 if you are
ill

Reading Task 2

1 Elles sont des chauffeurs routiers.   2 150   3 la CB   4 son
métier

Reading Task 3

1 de ne pas fumer   2 Elle veut chanter professionellement.
3 une émission   4 Elle peint.   5 actrice

Writing Task

Suggested answer

Newcastle, le 3 octobre

Chère Michelle,

Je vais décrire le travail que j'ai fait pendant les vacances. J'ai
travaillé dans un hôtel près de chez moi. J'ai dû faire les lits,
passer l'aspirateur, faire de la cuisine, servir dans le bar. Le travail
était intéressant mais fatigant. Je travaillais de huit heures du
matin à cinq heures du soir avec une heure à midi pour manger.
J'ai gagné quatre livres par heure et j'ai reçu des pourboires.

L'année prochaine je vais faire le même travail dans le même
hôtel. Tu veux m'y accompagner?

A bientôt

Monique

CHAPTER 6

Listening Task 1

1 c   2 a   3 c   4 d   5 c   6 c   7 c

Listening Task 2

1 a   2 b   3 c   4 c   5 c   6 b

Listening Task 3

a 11h30   b 12h30   c 10h00   d 8h30   e 9h00
f 7h30   g 8h00   h 11h00

Reading Task 1

1 à la tête et à la gorge   2 la grippe   3 des pastilles pour la
gorge   4 appeler le médecin

Reading Task 2

1 b   2 a   3 b   4 a   5 b

Reading Task 3

a médicaments   b couchez   c devant   d s'arrêter   e peu
f cigarettes   g causer   h fermées   i faites

Writing Task

Suggested answer

Londres

le 2 mai

Cher Paul,

Malheureusement j'ai perdu la montre que mes parents m'ont
donnée il y a deux semaines! Je l'ai perdue hier. J'étais dans un
restaurant et je suis allé aux toilettes pour me laver les mains. J'ai
enlevé ma montre et je l'ai laissée dans les toilettes. Cinq minutes
plus tard je suis revenu mais la montre n'était pas là. Sans perdre
un moment, je suis allé à la réception mais ma montre n'était
pas là. Je suis allé au commissariat de police mais ils ne pouvaient
pas m'aider. Alors j'ai acheté une montre neuve.

Je pense que le voleur est très égoïste.

A bientôt

Jeremy

CHAPTER 7

Listening Task 1

1 e   2 b   3 a   4 f   5 c

Listening Task 2

Listening Task 3

1 d   2 a   3 c   4 e   5 b

Listening Task 4

1 c
2 Il est impoli. Il ne veut pas qu'on donne de l'argent aux
chômeurs. Il dit que les chômeurs sont des paresseux.
3 d
4 Elle dit qu'il y a moins de pauvreté, que les gens semblent
contents, que l'avenir est plein d'espoir, que les choses vont
mieux.
5 a
6 Il veut pleurer, il pense que les gens sont tristes, il voit tant de
chômeurs, il voit tant de tragédies, il dit que les choses
deviennent pires, il ne sait quoi faire.

Listening Task 5

1 e   2 d   3 f   4 a   5 b

Listening Task 6

1 faux   2 faux   3 vrai   4 faux   5 vrai   6 faux
7 vrai   8 faux   9 faux   10 faux

Reading Task 1

1 D   2 C   3 B   4 A   5 E   6 F

Reading Task 2

1 Corse   2 Limousin   3 Auvergne   4 Bretagne

Reading Task 3

1 f   2 d   3 h   4 i   5 b   6 a   7 c

Writing Task 1

Suggested answer

Astley, le 3 mai

Chers lecteurs,

On vient de déménager à Astley. Nous avons acheté une belle
maison avec trois chambres et un jardin superbe avec des
pommiers et des rosiers. Nous avons déménagé parce que mon
père a changé de travail et il travaille maintenant à Astley.

Je pense qu'Astley est une très belle ville. Il y a toutes sortes de
choses à faire pour le jeunes et les habitants sont très aimables.
Je préfère habiter ici parce que là où j'habitais je n'avais pas
d'amis. Maintenant j'en ai beaucoup. Quand je serai grande je
voudrais habiter à Londres parce qu'il y beaucoup de théâtres.

Amicalement

Sophie

Writing Task 2

Suggested answer

Je vais décrire la région où j'habite. J'habite ici depuis cinq
années. C'est une région industrielle: il y a beaucoup d'usines
mais aussi la campagne est variée et belle. L'avantage de la
région est qu'il y a beaucoup à faire pour les jeunes – des clubs,
des cinémas et des cafés. L'inconvénient est qu'il y a beaucoup
de circulation et l'air est pollué.

L'année dernière nous avons loué un bateau et nous avons fait
une grande excursion sur les canaux de la région. C'était super!

A l'avenir je voudrais habiter en Ecosse parce que j'y suis allé en
vacances et le climat et les habitants sont très agréables.

Listening transcripts

Chapter 1
Role-play 1–3 (tracks 2–4)

Listening 1 (track 5)

J'aime bien mon collège mais je trouve que les professeurs nous donnent trop de devoirs. Chaque soir je passe trois heures à faire mes devoirs et je me sens très fatigué. Le week-end mes amis sortent et jouent au football dans le parc mais moi je ne peux pas parce que j'ai trop de travail à faire. Je serai très content quand les vacances arriveront.

Listening 2 (track 6)

Bonsoir, c'est Marie. Je veux laisser un message pour Angélique. Le film commence à vingt heures trente, alors on se retrouve chez Michelle à dix-neuf heures trente. On va au cinéma dans la voiture de Michelle. Paul n'a pas d'argent et ne vient pas. Alain travaille ce soir, mais il nous retrouvera dans le café après le film.

Listening 3 (track 7)

Allô, Luc? Ici Jean-Paul. Mon numéro de téléphone est le zéro-trois, vingt-deux, trente-huit, cinquante-six, vingt-quatre. J'ai la grippe et je ne peux pas venir à vingt heures comme prévu. Demain jeudi non plus, mais vendredi je serai là. J'ai acheté du parfum pour ta sœur pour la remercier. Si on sortait? Je vous invite à manger de la cuisine italienne avec moi. A bientôt.

Listening 4 (track 8)

Anne: Monique, qu'est-ce que tu fais à la maison?
Monique: Une chose que je ne fais pas, c'est laver la voiture. Cela m'ennuie. Mais tous les jours je prépare le repas du soir et je fais les lits. Claude, qu'est-ce que tu fais à la maison?
Claude: Je passe l'aspirateur de temps en temps. J'aime bien faire ça. Je nettoie un peu aussi. Mais une chose que je ne fais jamais, c'est le repassage. Et toi, Sylvie, qu'est-ce que tu fais à la maison?
Sylvie: J'adore faire le jardinage. Ça détend. Et je fais la vaisselle. Mais par contre je ne supporte pas les grandes surfaces. Je refuse de faire les courses. Et toi, Marc, qu'est-ce que tu fais à la maison?
Marc: Ma mère me demande de faire les lits et de nettoyer ma chambre, mais je ne le fais pas. En revanche, une chose que je fais, c'est la vaisselle. Et j'aime bien aussi laver la voiture.

Listening 5 (track 9)

Marc: Ecoute, Monique, quelle est ton opinion du nouveau professeur?
Monique: Alors, Marc. Ça, c'est facile. Ça ne va pas du tout entre lui et moi. J'ai eu deux cours avec lui et il m'a grondée, il m'a critiquée et il m'a punie.
Marc: Mais moi aussi j'ai eu deux cours avec lui et je trouve qu'il est le meilleur professeur du collège. Et il m'a dit que je suis très fort en géographie.
Monique: Mais Marc, sa discipline est nulle. Les élèves bavardent pendant la leçon, personne ne l'écoute, on n'apprend rien.
Marc: Monique, ce n'est pas vrai. Pendant mes cours avec lui, il y a un silence absolu. Sa discipline est excellente et aussi il est vraiment expert dans sa matière. Il sait tout.
Monique: Marc, il ne sait rien. Il n'arrive pas à répondre aux questions les plus simples.
Marc: Monique, il arrive toujours à l'heure tandis que les autres profs arrivent cinq, dix minutes en retard.
Monique: Mais mon ami, ce matin, il est arrivé dix minutes en retard. Il avait l'air triste pendant toute la leçon et il n'a pas souri . . . même pas une fois.
Marc: On dirait qu'on parle de deux professeurs différents.

Listening 6 (track 10)

J'ai fait la connaissance d'un petit garçon, Alexandre, âgé de 12 ans. Sa famille ne pouvait pas lui payer le bus, et pendant quelque temps, il est allé à l'école à pied. Mais dix kilomètres à pied, trois heures de marche tous les matins, c'était trop. Donc il ne va plus à l'école.
Alexandre est surnommé 'Monsieur l'ingénieur', car il fabrique des jouets, par exemple, un petit vélo, une petite moto ou alors une voiture miniature, qu'il vend à des touristes. Avec l'argent qu'il gagne, il espère payer l'école à son petit frère.
Les enfants qui vont à l'école sont des privilégiés: seulement 30% à peu près des enfants sont scolarisés. Beaucoup habitent trop loin et, pour d'autres, les familles préfèrent les voir travailler à la ferme.

Chapter 2
Role-play 1–2 (tracks 11–12)

Listening 1 (track 13)

Visite guidée du musée, tous les mercredis à quatorze heures. Vous pouvez acheter votre ticket à l'entrée du musée. Durée da la visite une heure et demie.

Listening 2 (track 14)

A: Hier soir il y a eu un drame à la Banque Nationale de Paris à Tours. Deux hommes masqués se sont échappés avec 10 000 francs. La gendarmerie cherche toujours les malfaiteurs.
B: Il y aura beaucoup d'ambiance ce soir au stade national pour la rencontre de l'équipe espagnole et de l'équipe allemande dans la finale de la coupe.
C: Il pleut toujours dans le Midi et les inondations ont provoqué des dizaines de morts et des dégâts importants. Dans quelques endroits l'eau est d'une profondeur de dix mètres.
D: Le premier ministre britannique est arrivé à Paris ce matin pour des conversations avec le premier ministre français sur la crise en Afrique.
E: Gros embouteillage sur la N10 entre Tours et Angers à la suite d'une collision entre un camion et une voiture.

Listening 3 (track 15)

Juliette: Alors Marc, quelle sorte de personne cherches-tu comme correspondant?
Marc: Je veux qu'il soit comme moi, c'est-à-dire qu'il aime voyager, qu'il aime parler des langues étrangères.
Juliette: Tu veux une personne sportive?
Marc: Moi, j'aime bien le sport, mais je préfère les passe-temps plus calmes, la lecture, la musique classique.
Juliette: Tu as d'autres intérêts?
Marc: Chez moi j'ai environ deux mille timbres, une centaine de papillons et des tiroirs pleins de cartes postales. Alors Juliette, quelle sorte de personne cherches-tu?
Juliette: Je veux qu'elle soit comme moi. Je veux une personne enthousiaste qui aime bouger, sortir, faire des choses.
Marc: Tu veux une personne sportive?
Juliette: Pour moi, le sport est la chose la plus importante de ma vie. Sans le sport, je serais perdue.
Marc: Tu as d'autres occupations?
Juliette: Je vais souvent à la messe et j'aide le prêtre à faire son travail quand je peux.

Listening 4 (track 16)

A: Alors, tu t'es bien amusé en Espagne?
B: Mon mari n'était pas content. La cuisine, les gens, le cinéma, les maisons, le climat, le transport. Tout était affreux pour lui.
A: Et qu'est-ce que tu penses de ces choses-là?
B: Je suis d'accord avec lui. Il y avait trop d'huile, et la plupart des plats manquait de finesse. Ils mangent trop d'ail, les Espagnols.
A: Et les gens?
B: On a connu tant de gens sympa qu'il est difficile de comprendre l'opinion de mon mari. Je ne suis pas de son avis. Les Espagnols sont des gens gais et généreux.
A: Et le cinéma?
B: J'ai été ravie des films espagnols. Nous sommes allés au cinéma tous les jours. Il y avait tant de choix et les films étaient meilleurs que les nôtres.
A: Et les maisons?
B: Alors là, j'ai été franchement déçue. La plupart des gens habitent des appartements au centre-ville. Ils n'ont pas de jardin, ils n'ont pas de garage. J'ai trouvé ça triste.
A: Et le climat?
B: La plupart du temps il a fait décidément trop chaud. J'ai dû passer de longues périodes à l'ombre. Non, je préfère le climat français.
A: Et le transport?
B: J'avais entendu dire beaucoup de mal des transports en Espagne, mais franchement les train étaient propres et à l'heure – pas comme en France – les autobus étaient bien organisés, et il y avait des taxis partout.

Listening 5 (track 17)

Le cinéma Rex annonce une séance spéciale. La première du film américain en version originale aura lieu mardi à vingt heures. Ouvert à tout le monde. Entrée 60 francs. Il n'est pas nécessaire de réserver. Téléphonez au 03 23 45 67 44.

Listening transcripts

Chapter 3

Role-play 1–2 (Tracks 18–19)

Listening 1 (Track 20)

1: Votre train arrivera à Paris à quinze heures vingt.
2: Vous voulez une chambre? Je vous propose une chambre à trois cent quarante francs.
3: La chambre est pour une personne. Elle a un lit et une baignoire.
4: Vous voulez aller au centre-ville? Vous pouvez y aller à pied.
5: Au centre-ville il y a un très joli monument. C'est la cathédrale. C'est très intéressant.

Listening 2 (Track 21)

Romain: Sandra, où es-tu allée en vacances?
Sandra: On a fait du camping. On est allé au camping de la forêt.
Romain: Pourquoi ce camping-là?
Sandra: Parce que dans la forêt il faisait frais.
Romain: Qu'est-ce que tu a fait de bien?
Sandra: Tout était très bien: la piscine, les restaurants, la plage, mais ce que j'ai préféré, c'était le bal chaque soir.
Romain: Vous avez loué une voiture?
Sandra: Non, parce que nous avions des vélos. Nous sommes allés partout à vélo.
Romain: Et le temps?
Sandra: Il a fait une chaleur étouffante.

Listening 3 (Track 22)

Edgar: Jean, tu vas en Grèce?
Jean: Je voudrais passer les vacances en Grèce, tu sais, mais malheureusement je n'ai pas un sou et il faut qu'on reste ici à Lyon.
Edgar: Tu seras avec qui?
Jean: J'ai une copine qui habite ici. Elle ne part pas non plus.
Edgar: Tu aimes Lyon?
Jean: Lyon est une ville un peu trop tranquille . . . il n'y a pas grand-chose à faire ici.
Edgar: Qu'est-ce que tu feras ici?
Jean: Pour gagner de l'argent, pendant la journée, je vais aider un voisin à nettoyer son jardin. Et le soir je jouerai aux cartes avec ma copine.
Edgar: Moi, je vais en Espagne.
Jean: Si les vacances étaient plus longues, j'irais en Espagne. L'Espagne est un pays qui me plaît. J'étais là-bas l'année dernière. J'y suis allé en auto-stop.
Edgar: Tu n'as pas envie d'aller à Paris?
Jean: Paris est très intéressant, mais je connais déjà.

Listening 4 (Track 23)

La mère: Moi, je veux aller à Londres en voiture et prendre le bateau. Quelquefois, j'ai le mal de mer, mais normalement tout va bien et j'aime manger dans le restaurant à bord du bateau.
Le père: Mais non. Le voyage est beaucoup plus rapide si on prend l'avion. On sera à Londres en deux heures. Et tu sais que tu as presque toujours eu le mal de mer. C'est moi qui n'ai jamais eu le mal de mer. Et la cuisine à bord du bateau est affreuse.
La mère: Mais si on prend l'avion on ne voit rien. Si on prend la voiture on voit un peu d'Angleterre et on voit un peu de France. Et la traversée est si jolie. De l'avion on ne voit que des nuages.
Le père: Ma chérie, l'avion est plus rapide!
La mère: L'aéroport est si loin du centre-ville. Oui, on arrive à Londres en deux heures, mais il faut encore deux heures pour arriver à notre hôtel.
Le père: Bon. Je crois que j'ai trouvé la solution. On va prendre le train par le Tunnel. Il y a des pannes de temps en temps, mais tu ne vas pas avoir le mal de mer.
La mère: C'est vrai, et le train par le Tunnel arrivera au centre-ville. Oui, on fait comme ça.

Listening 5 (Track 24)

A: Alors, ton hôtel t'a plu?
B: La chambre était très bien. Il y avait de tout – téléphone, télévision, magnétoscope, une douche, une baignoire.
A: Il n'y avait pas de problèmes?
B: Si. Pendant la nuit nous avons été piqués par les moustiques. Et nous avons trouvé des araignées.
A: A part ça?
B: Oui, l'ascenseur ne marchait pas. Heureusement qu'on n'était pas au sixième étage.
A: Et le restaurant?
B: Le personnel du restaurant était excellent. On n'a jamais attendu. On nous a tout apporté tout de suite.
A: Et la cuisine?
B: Malheureusement il n'y avait pas de fruits de mer. Autrement le choix était très bon et les fromages étaient superbes.
A: Vous avez bien dormi?
B: Non. A côté il y avait une usine qui commençait à faire du bruit à six heures du matin.

Listening 6 (Track 25)

Offre spéciale. On vous propose un week-end en Espagne. Visitez Madrid, capitale pittoresque, historique et inoubliable. Le vol charter part de Paris à dix-huit heures et arrive à Madrid à vingt et une heures. Le prix? 1 500 francs. Mais attention parce que le prix de l'hôtel n'est pas compris. Il est facile de trouver un bon hôtel au centre-ville, mais attention parce qu'on vous demandera le double du vrai prix de la chambre. La solution est de regarder sur la porte même de votre chambre. Il y aura un avis qui donne le vrai prix. En ce qui concerne les restaurants en Espagne, il faut savoir que le soir les repas ne commencent pas avant vingt-deux heures. Vous allez manger des omelettes, de la paella, mais aussi sans doute le plat inoubliable de Madrid: les fruits de mer. Téléphonez tout de suite et ayez à votre disposition votre carte de crédit.

Chapter 4

Role Play 1–5 (Tracks 26–30)

Listening 1 (Track 31)

Client 1: Bonsoir. Donnez-moi une bière, s'il vous plaît, et un sandwich au fromage.
Client 2: Je voudrais un café et une glace, s'il vous plaît.
Client 3: Un jus d'orange, s'il vous plaît . . . et un hot-dog.

Listening 2 (Track 32)

1: Aujourd'hui. Promotion spéciale. Jambon, saucisson, pâté. Réductions jusqu'à vingt pour cent.
2: Cette semaine. Promotion spéciale. Jupes, chemisiers, robes. Réductions de dix pour cent.
3: Pendant deux semaines. Offre spéciale. Réductions de dix pour cent sur les pommes, les haricots, les bananes et les choux.

Listening 3 (Track 33)

Venez au Restaurant Gilbert situé en face de la mairie. C'est le seul restaurant belge de la ville. Notre menu du jour est à cinquante francs, boisson comprise. Le service est aussi compris. Notre plat du jour aujourd'hui est le steak frites. Nous sommes ouverts tous les jours sauf le mardi.

Chapter 5

Role-play 1–2 (Tracks 34–35)

Listening 1 (Track 36)

Employeur: Bonjour, mademoiselle. Votre nom, s'il vous plaît.
Sophie: Bonjour, monsieur. Je m'appelle Sophie Laudic, L-A-U-D-I-C.
Employeur: Et vous avez quinze ans?
Sophie: Non, j'ai seize ans.
Employeur: Votre matière préférée au collège?
Sophie: Je préfère la chimie.
Employeur: Et qu'est-ce que vous voulez faire dans la vie?
Sophie: Je veux être infirmière.
Employeur: Bonjour, monsieur. Votre nom, s'il vous plaît.
Paul: Bonjour, monsieur. Je m'appelle Paul Leclerc. L-E-C-L-E-R-C.
Employeur: Et vous avez quinze ans?
Paul: Non, j'ai dix-sept ans.
Employeur: Votre matière préférée au collège?
Paul: Je préfère la géographie.
Employeur: Et qu'est-ce que vous voulez faire dans la vie?
Paul: Je veux être ingénieur.

Listening 2 (Track 37)

Voulez-vous travailler dans une ferme cet été? Je cherche des jeunes gens qui n'ont pas peur des animaux, et qui parlent français. Vous travaillerez du 5 juin au 28 août, et vous ferez 45 heures par semaine. Vous serez logé dans la ferme gratuitement, et vous gagnerez 1 200 francs pare semaine. Téléphonez maintenant.

Listening 3 (Track 38)

1: Je m'appelle Sylvie et j'aime bien partir en vacances. Mon père est pompier et il a quatre semaines de congé par an. Nous avons une maison en Italie et nous y passons le mois d'août. C'est formidable!
2: Je m'appelle Marc. Malheureusement, mon père est chômeur et on est presque toujours sans argent. Ça signifie qu'on ne part jamais en vacances. C'est triste.
3: Je m'appelle Luc. Mon père a un magasin au centre-ville. S'il ne travaille pas, il ne gagne pas d'argent et ses clients vont d'ailleurs. Alors on ne part en vacances que huit jours par an. Ce n'est pas suffisant.
4: Je m'appelle Isabelle. Mes parents adorent l'Allemagne et on y passe une quinzaine de jours tous les ans. C'est chouette!

Listening 4 (Track 39)

Bonjour. Je suis le mari de Madame Ferrier qui travaille chez vous dans la section étrangère. Je suis désolé mais ma femme ne peut pas travailler aujourd'hui parce qu'elle a la grippe. Elle est au lit et le médecin est avec elle maintenant. Mais elle dit qu'elle sera là demain sans faute.

Listening 5 (Track 40)

Patron: En retard encore une fois?

Luc: Mais monsieur, ce n'est pas de ma faute.

Patron: Vous êtes venu en retard hier et avant-hier. Alors qu'est-ce qui est arrivé ce matin?

Luc: Ma mère m'a demandé de laisser des choses chez ma grand-mère. Comme ma grand-mère avait envie de bavarder, j'ai perdu vingt minutes.

Patron: Et après?

Luc: J'ai eu une panne. J'ai fini par trouver un mécanicien, mais j'ai perdue encore une heure. Et après?

Luc: Je me suis rendu compte que j'avais oublié tous mes papiers et j'ai dû rentre pour les chercher. J'ai perdu encore une demi-heure.

Patron: C'est tout?

Luc: Non. Juste avant d'arriver ici, il y a eu un accident de la route et j'ai dû attendre vingt minutes dans l'embouteillage.

Patron: Luc, la prochaine fois que vous arriverez en retard, je vais vous renvoyer.

Listening 6 (Track 41)

– Mon ambition? C'est facile. Je ne suis pas comme mes camarades de classe, je n'ai pas envie de faire beaucoup d'argent. La seule chose qui m'intéresse, c'est travailler avec les chevaux, et mon ambition est d'être propriétaire d'une école d'équitation.

– Pourquoi?

– Il y a deux ans mon père m'a acheté un cheval. Depuis ce moment-là ma vie a changé. Il y a une école d'équitation à trois kilomètres de chez moi, et j'y vais deux fois par semaine tant j'aime les chevaux. On me dit que je suis assez forte, mais malheureusement l'année dernière je ne suis pas montée à cheval pendant trois mois parce qu'un jour je suis tombée du cheval et je me suis cassé le bras. Ma sœur croit que je suis bête et que je devrai sortir avec les garçons et oublier les chevaux. Mais je ne peux pas.

Chapter 6
Role-play 1 (Track 42)

Listening 1 (Track 43)

– Tu sais, il y a un an je pesais 90 kilos. Maintenant je pèse 70 kilos. Et tu sais comment j'ai perdu tant de kilos? Alors c'est simple. J'ai cessé de fumer. Avant je ne pouvais pas marcher 100 mètres sans me sentir fatigué. Maintenant je joue au badminton sans problèmes.

– Quand as-tu commencé de fumer?

– Il y a trois ans. J'étais dans un café et un client a laissé un paquet de cigarettes sur la table. Sans réfléchir j'ai fumé une cigarette. Un mois plus tard j'en fumais une quarantaine par jour. Mais un jour j'ai vu une émission sur les maladies provoquées par le tabac. J'ai vu les victimes à l'hôpital. Je ne veux pas de ça. Le lendemain j'ai fumé vingt cigarettes, le lendemain dix cigarettes, le lendemain cinq cigarettes, puis j'y ai renoncé complètement.

– Alors ta vie a changé?

– Oui, et les choses vont beaucoup mieux avec mon amie Anne. Elle ne supportait pas l'odeur du tabac. Lorsqu'on parlait dans un café, elle restait toujours à deux mètres de moi. Maintenant, elle s'assied à côté de moi.

Listening 2 (Track 44)

Elise: Ecoute Pierre, je ne peux pas sortir avec toi ce soir. J'ai mal là . . . là . . . entre les yeux.

Pierre: Mais qu'est-ce qui a causé ça?

Elise: Alors, hier soir j'ai mangé dans un restaurant. Normalement je ne supporte pas le poisson mais j'en ai mangé quand même. Que je suis bête!

Pierre: Mais ça fait deux fois cette semaine que tu dis que tu es malade. Ce mal est une excuse?

Elise: Pierre, je vais me coucher tout de suite et demain on sortira. Je te promets.

Pierre: Je connais déjà tes promesses. On verra.

Elise: Donne-moi une bise, Pierre.

Listening 3 (Track 45)

– Qu'est-ce que tu fais le dimanche matin?

– Comme tous les jours je prends ma douche à sept heures et demie, puis à huit heures je mange un peu de pain et je bois un café.

– Et après?

– Puis à huit heures et demie je fais du jogging, et à neuf heures j'ouvre mes livres et je travaille pendant une heure. A dix heures je vais à la messe, à onze heures je vais voir un copain, et à onze heures et demie on sort ensemble. On aime faire un tour le long de la rivière. A midi et demi on va manger chez moi.

Chapter 7
Role-play 1 (Track 46)

Listening 1 (Track 47)

Bonjour. Voici la météo pour aujourd'hui. Dans le Nord, il va pleuvoir toute la journée. Dans l'Est, il fera un temps ensoleillé. Sur la côte Atlantique, il va faire du brouillard. Et dans le Sud, il va neiger. Dans les Alpes, il y aura des vents forts.

Listening 2 (Track 48)

Voici la météo pour aujourd'hui. Dans le Nord, le vent va souffler très fort du nord toute la journée. Dans le Sud, il fera très chaud, beaucoup plus chaud qu'hier. Dans l'Est, il fera du brouillard et ce sera très dangereux sur les routes. Dans l'Ouest, il fera très froid, les températures vont baisser rapidement. Dans le centre du pays, on attend un jour de pluie. Il va pleuvoir toute la journée.

Listening 3 (Track 49)

1: Un cambrioleur est entré dans une maison à Beaugency en plein jour et a volé une hi-fi et une somme d'argent. Les gendarmes ont arrêté un homme.

2: Un athlète français, Jean Torcq, a battu le record du saut en longueur hier soir. Il a sauté cinq mètres soixante.

3: Encore des problèmes pour les automobilistes. Sur la N120 il y a une déviation au sud de Lille à la suite de la neige.

4: Le président des Etats-Unis a annoncé un accord historique entre les Arabes et les Israéliens, signé aujourd'hui à Washington.

5: Si vous voulez goûter les meilleurs vins de France, venez directement dans nos caves pour une sélection incroyable de vins. On accepte les paiements par carte de crédit.

Listening 4 (Track 50)

– Qu'en pensez-vous, M. Laudic?

– Je n'accepte pas ce que vous dites. En fait, je pense que vous dites des bêtises. L'idée de donner de l'argent aux chômeurs est ridicule. Les chômeurs . . . ce sont des paresseux et ils ne méritent rien.

– Qu'en pensez-vous, Mme Bernard?

– Je crois qu'on fait des progrès. Il y a moins de pauvreté dans notre ville, les gens semblent plus contents et à mon avis l'avenir est plein d'espoir. Oui, les choses vont beaucoup mieux.

– Votre opinion, M. Renault?

– Alors quand je vois le monde tel qu'il est j'ai envie de pleurer. Il y a tant de gens tristes, tant de chômeurs, tant de tragédies tous les jours dans les journaux. Les choses deviennent de pire en pire. Qu'est-ce qu'on peut faire?

Listening 5 (Track 51)

Professeur: Alors, nous sommes à Londres depuis une semaine maintenant, n'est-ce pas? Qu'est-ce que vous pensez de cette ville? Toi, Carine, tu veux commencer? Que penses-tu de Londres?

Carine: Eh ben, Londres, c'est assez bien je trouve. Enfin, c'est pas mal. Je dois dire qu'il y a beaucoup à voir, les musées, les théâtres, les cinémas, les magasins, les parcs et tout ça. Eh oui, il y a une énorme variété.

Professeur: Et toi, François?

François: Pour moi, vous voyez, qui viens de la campagne, je trouve que Londres est très bruyant. J'aime la ville mais toutes ces voitures, ces taxis, tout ce monde, ce n'est que du bruit et de la fumée. L'air est sale!

Professeur: Stéphanie, qu'est-ce que tu penses de Londres?

Stéphanie: Ah, c'est sympa. On peut parler avec les gens et ils répondent. Ils sont accueillants, chaleureux, pas comme Paris où je trouve que les gens sont assez froids en général.

Professeur: Et toi, Caroline? Qu'est-ce que tu penses de Londres?

Caroline: Bof! Il y a des choses aussi bien comme les parcs, mais il y a d'autres choses que je n'aime pas du tout. Le métro par exemple. Ah, ce n'est pas comme Paris. C'est difficile à dire. Je ne sais pas, moi. C'est pas mal, je suppose.

Professeur: Merci, Caroline. Et toi, finalement, Christophe. Tu aimes Londres?

Christophe: Ah, c'est passionnant, Londres. C'est une ville que j'aimerais visiter très, très souvent. C'est chouette, hein? J'ai passé une semaine formidable ici.

Listening 6 (Track 52)

Interviewer: Jean-Pierre, il est facile de trouver du travail ici?

Jean-Pierre: Facile de trouver du travail ici? Je ne dis pas difficile de trouver du travail. Je dis impossible. Ça fait un an que je cherche du travail, mais je n'ai rien trouvé. Je cherche du travail dans les fermes, tu sais, mais de nos jours tout se fait avec des machines. Cependant en automne j'arrive à trouver du travail. Dans les vergers. J'aide les agriculteurs à cueillir les pommes. A Paris il est facile trouver du travail, mais ici la vie me plaît et j'ai plein d'amis. A Paris je ne connais personne. Et là-bas, la circulation est affreuse. Ici, dans ce village, il n'y a que quatre voitures. Nous avons deux magasins qui vendent les choses essentielles, mais pour s'acheter des vêtements par exemple, il faut aller à Paris.

Index

adjectives
  agreement of — 51–52
  position of — 52
animals, vocabulary — 134

bathroom, vocabulary — 19–20
bedroom, vocabulary — 19
body, parts of the — 119
breakfast, vocabulary — 90

camping, vocabulary — 65
cars, vocabulary — 68
colours — 134
conditional tense — 121
countries and nationalities — 69
coursework — 149–153

de — 25
definite article — 25
demonstrative adjectives — 95
depuis — 31
desserts, vocabulary — 90
directions, vocabulary — 135
direct object pronouns — 122
drinks, vocabulary — 91

examination boards — 4–5
examination preparation — 6–8

fish and seafood, vocabulary — 90
France, map of — 69
fruit, vocabulary — 89
future tense — 108

garden, vocabulary — 20–21
grammatical terms — 23–24

hobbies, vocabulary — 46
hotel, vocabulary — 66
housework, vocabulary — 21

imperfect tense — 94
indefinite article — 24
irregular verbs — 28–29

jobs — 106

kitchen, vocabulary — 20

leisure, vocabulary — 46
letter writing — 55, 76, 84, 99
living room, vocabulary — 19

map of France — 69
meat, vocabulary — 89

negatives — 140

partitive article — 25
perfect tense — 71–72, 124
pluperfect tense — 139
plural of nouns — 50
possessive adjectives — 95
presentation — 56
present tense — 26–31

reflexive verbs — 72
regular verbs — 26–28
restaurant, vocabulary — 91–92

school equipment, vocabulary — 15
school subjects — 13
seaside, vocabulary — 66
shops and shopping, vocabulary — 92–93
snacks, vocabulary — 90
sports, vocabulary — 45
syllabus — 4–5

tableware, vocabulary — 89
time, vocabulary — 152
towns, vocabulary — 136–137
trains, vocabulary — 68

vegetables, vocabulary — 89
venir de — 30
verbs
  irregular — 28–29
  reflexive — 72
  regular — 26–28
  with *avoir* — 71
  with *être* — 72

weather, vocabulary — 135–136
websites — 8